オーナー社長のための

ゼッタイ成功する事業承継の進め方

監修 西内孝文

著 中小企業の事業承継を支援する税理士の会

編集協力 株式会社エッサム

はじめに

昨今、中小企業の後継者の不在が大きな社会問題となっています。また、2018年度の税制改正もあり、中小企業の事業承継にますます注目が集まってきました。特に、小さいながらも堅実に経営してきた会社では、オーナー社長の高齢化の問題もあり、どうやって事業を承継するかは喫緊の課題となっています。

本書はこの課題の解決に向けて、その手法と留意点をできる限り平易にまとめました。まず、第1章にて2018年度に改正された事業承継税制の概略と、これから事業承継対策を進める際に欠かせない自社株評価の基礎知識について解説しています。

第2章では、事業承継税制において拡大・拡充された贈与税・相続税の納税猶予制度の内容についてまとめています。対象株式数・猶予割合、適用対象者が拡大し、雇用要件については弾力的に運用され、納税猶予の新たな減免制度も創設された制度です。

第3章では事業承継計画（特例承継計画）の考え方、留意点とともに、事業承継計画書の書き方、適用申請の留意点についてまとめています。事業承継計画書は納税猶予制度の適用を受ける際に重要な書類ですが、オーナー社長と後継者が承継策を意思決定する際にも重要なツールです。

第4章は、事業承継の効果といったことを述べています。事業承継について検討し、納税猶予の適用などの対策を実行していけば、会計に強い、「よい会社」となります。直接的なメリットにとどまらず、後継者も、先を見通した〝数字に強い〟経営を推進できるのです。

なお、巻末に付録として従来の事業承継策をまとめています。

事業承継は「よい会社」になり、「よい会社」であり続けるための絶好のチャンスです。私たちは、後継者が自信と確信をもって事業に邁進するために、全力を尽くして支援・応援します。

2018年9月

中小企業の事業承継を支援する税理士の会

もくじ　オーナー社長のためのゼッタイ成功する事業承継の進め方　～2018年度税制改正に完全対応！～

第1章 これでわかった！ 事業承継税制の大改正の要点

第2章 事業承継税制における相続税・贈与税のポイント

第3章 事業承継計画書の作り方と申請手続きの心得

第4章 先を見通した事業承継で、会社に強い会社を作る！

付録
納税猶予制度を使わない時の事業承継10の手法

※本書の内容は原則として２０１８年８月末時点の情報に基づいています。
あらかじめご了承ください。

第1章

これでわかった!
事業承継税制の
大改正の要点

2018年に改正された事業承継税制とその改正の要点を解説。あわせて、さまざまな事業承継策を検討する際に欠かせない非上場会社の自社株評価の基礎知識についてまとめています。

1-1

扱いやすくなった！2018年度の事業承継税制とは？

2018年度税制改正では、事業承継にかかる贈与税・相続税で「納税猶予制度」の拡充が行われました。従来の制度を拡充する特例制度であり、拡充により納税負担が軽減され、より〝使い勝手〟がよいものになっています。

事業承継税制における「相続税・贈与税の納税猶予制度」とは？

贈与税・相続税の納税猶予制度とは、後継者が先代のオーナー社長から非上場の会社の株式などを贈与されたり相続を受けたりした時、一定の要件を満たせば贈与税・相続税の納税が猶予される制度です。適用には一定の要件などがありますが、要件を満たせば後継者が亡くなるまで猶予され続け、いずれ免除されると考えてもよいでしょう。

この制度を活用するにはいくつかの要件があります。

まず、「事業を承継した後継者が贈与税・相続税の申告期限後5年間という特例承継期間は、その企業の代表者であり続ける」ことです。その後継者が途中で退任すると適用要件を満たさなくなり、認定を取り消されてしまい、納税が猶予されていた分も含めて贈与税や相続税の全額を納めなければならなくなります。また、納税の際には、猶予期間にかかる利子税も利息として納めなければなりません。

この納税猶予制度に関して、**2018年の税制改正では、10年間限定の特例制度が創設されました。**そのほか関連制度も改正されたこともあり、納税猶予制度は抜本的に改正されたといってよいでしょう。

経営承継円滑化法を活かした10年間限定の特例制度

10年間限定の特例制度はどのようなものか。それは、「2018年4月1日から5年間の間に『特例承継計画』を都道府県に提出した会社が『**経営承継円滑化法**』の認定を受けた場合は、2018年1月1日から10年間に後継者に対して贈与され、また相続を受けた非上場株式などにかかる贈与税・相続税が納税猶予の対象になる」ということです。

特例承継計画や経営承継円滑化法については後述しますが、「5年の間に計画を提出する」ということに反応し、「とりあえず計画を出しておこう！」という会社も少しずつ増えてきました。ここ数年間は、事業承継にかかる納税負担を軽減する絶好のチャンス！　ということもできます。

ただし、留意していただきたいのは、この制度はとかく高額になりがちなオーナー企業の事業承継にかかる相続税・贈与税の納税を猶予することで、事業承継時の納税負担を軽減する制度であるということです。

たしかに、猶予された納税額が最終的には免除されたり、減免されたりするしくみもありますが、それは後述する一定の事由が発生した場合だけです。安易に、「納税負担が実質的にゼロになる」ということだけがキャッチフレーズとして独り歩きしている感もありますので、その点は留意しておきたいものです。

1-2 相続税の納税猶予適用要件などの基本ポイント

まず、**相続税の納税猶予制度**を概観していきましょう。適用されるための要件は経営承継円滑化法をもとに認定された特例認定承継会社であることのほか、オーナーであった被相続人の先代経営者、次代を引き継ぐ相続人である後継者についてもそれぞれ要件があり、また、納税猶予の適用を受け続けるための要件もあります。

特例認定承継会社になるための要件は？

相続税の納税猶予制度の適用を受けるには、特例認定承継会社として認定を受けなければなりません。その第一の要件は、**経営承継円滑化法に規定された中小企業であること**です。

経営承継円滑化法の中小企業

業　種	資本金・出資の額		常用する従業員の数
製造業、建設業、運輸業、その他	3億円以下	または	300人以下
ゴム製品製造業	3億円以下	または	900人以下
ソフトウェア業・情報処理サービス業	3億円以下	または	300人以下
卸売業	1億円以下	または	100人以下
サービス業	5,000万円以下	または	100人以下
旅館業	5,000万円以下	または	200人以下
小売業	5,000万円以下	または	50人以下

この要件には個人事業主は含まれず、上表に挙げたような基準を満たす株式会社、有限会社、合名会社、合資会社、合同会社が対象です。

次の要件はこれらの中小企業が2018年4月1日から2023年3月31日までの5年間に、次ページのような特例承継計画を都道府県に提出（124〜125ページに記載例などを再掲しています）し、経営承継円滑化法の認定を受けることです。

この計画の提出と認定の際には、次の会社は認定を受けられないことに留意しておきましょう。

①株式の上場をしている会社

②風俗営業を行っている会社

特例承継計画書

様式第21

施行規則第17条第2項の規定による確認申請書
（特例承継計画）

年　月　日

都道府県知事　殿

郵便番号
会社所在地
会社名
電話番号
代表者の氏名　　　　　印

中小企業における経営の承継の円滑化に関する法律施行規則第17条第1項第1号の確認を受けたいので、下記のとおり申請します。

記

1　会社について

主たる事業内容	
資本金額又は出資の総額	円
常時使用する従業員の数	人

2　特例代表者について

特例代表者の氏名	
代表権の有無	□有　□無（退任日　年　月　日）

3　特例後継者について

特例後継者の氏名（1）	
特例後継者の氏名（2）	
特例後継者の氏名（3）	

4　特例代表者が有する株式等を特例後継者が取得するまでの期間における経営の計画について

株式を承継する時期（予定）	年　月　～　年　月
当該時期までの経営上の課題	
当該課題への対応	

5　特例後継者が株式等を承継した後5年間の経営計画

実施時期	具体的な実施内容
1年目	
2年目	
3年目	
4年目	
5年目	

計画書はＡ４で２枚。自社の現況と継承後の経営計画を記入

（別紙）

認定経営革新等支援機関による所見等

1　認定経営革新等支援機関の名称等

認定経営革新等支援機関の名称	印
（機関が法人の場合）代表者の氏名	
住所又は所在地	

2　指導・助言を行った年月日
年　月　日

3　認定経営革新等支援機関による指導・助言の内容

別紙として認定支援機関の指導・助言が必要

③資産管理会社

前記のうち③の資産管理会社は、資産保有会社と資産運用会社に分かれます。

資産保有会社とは、有価証券のほか、賃貸用不動産、現金などの特定の資産の割合が帳簿に載っている資産価額の総額の70％以上である会社です。

一方の資産運用会社とは、有価証券のほか、賃貸用不動産、現金などの特定の資産からの運用収入が、総収入金額の75％以上である会社のことです。

後継者は被相続人の親族でなくてもよい

次に被相続人の要件ですが、これはオーナー社長、その特定認定承継会社の代表者であった人です。

要件に該当するオーナー社長とは、**相続を開始する直前において、親族などの同族経営者と合わせて50％を超える議決権数の株式を保有、もしくは出資をしていた経営者で、かつ後継者を除いた同族関係者のなかで、最も多くの議決権数を保有していた経営者です。**

では、後継者の要件はどのようになっているのでしょう。多くは被相続人であるオーナー社長の相続人となりますが、具体的には次の項目に該当する人です。

①相続の開始日の翌日から起算して、5か月を経過する日において、その会社の代表者であること

ただし、その会社の代表者であれば、被相続人の親族ではなくてもかまいません。

②相続を開始する直前において、その会社の役員であること

ただし、被相続人が60歳未満で死亡した場合は、その会社の役員でなくてもかまいません。

③相続を開始した時、親族等の同族関係者を合わせて総議決権数の50％以上の議決権を持ち、その同族関係者によって特例承継計画に後継者として記載された人のうち、単独で総議決権数の10％以上を持つ上位3人までの人であること

この「特例承継計画に後継者として記載された人」は1人とは限らず、複数の人を記載することができます。

猶予を継続するには、猶予の開始から5年間の対応が重要

納税の猶予を継続的に受け続けるには、猶予を開始した日から5年間は主に次の項目に留

意しておきましょう。その項目を一言で述べると、「後継者はしっかりと経営を引き継ぎ、堅実な経営を行う」ということです。

①後継者が引き続いてその会社の代表者であり続けること

②猶予の対象となった株式などを継続して保有していること

③従業員の雇用について、5年間を平均して相続時の従業員数の80%以上を維持すること

なお、③の雇用要件については特例措置があります。③の80%以上という基準を維持できないような状況になっても、猶予の適用が即打ち切り、認定の取消しとなるわけではなく、要件を満たせない理由を記載した報告書（特定の書式はありません）を都道府県・税務署に提出すれば、その内容が勘案されるということです。

1-3 贈与税の納税猶予 適用要件などの基本ポイント

事業承継の観点から、相続税と同様に**贈与税にも納税猶予制度**があります。その要件は相続税の場合と基本的に同じです。特例認定承継会社に該当する要件を満たす必要があり、また納税猶予を継続するためには相続税と同じ要件を満たす必要があります。

では、贈与者・受贈者それぞれの主な要件を見ていきましょう。

贈与者の要件は、会社の代表者であったこと

まず、贈与者である**社長の主な要件は、オーナーとして会社の代表者であったこと**です。

贈与時において会社の代表権を持っていない状態であることが必要ですが、贈与時にその会

社から報酬を受けている役員として残っていてもかまいません。

ただし、贈与の直前においては、親族などを含めた総議決権数の50％を超える議決権数を保有し、かつ、後継者を除いた同族関係者のなかで最も多くの議決権数を保有していたことが要件となっています。

また、**保有する株式等のすべてを一括して贈与したこと**も要件の1つです。

この「すべて」というのは、これまで「贈与すると後継者の議決権数が全体の3分の2を超える数の株式等を先代が保有している場合には、後継者の保有議決権数が総議決権数の3分の2を超えるまでの数以上の株式」でした。

ところがこの要件の「3分の2を超えるまでの数」という部分が**3分の2を超えるまでの数にかかわらず、保有株式等のすべてを一括贈与しなければならない**となっています。

受贈者である後継者の要件は？

次に、贈与を受ける側（受贈者）である後継者の要件です。

まず、**贈与日以後に後継者としてその会社の代表者であること**です。後継者は必ずしも贈与者である先代社長の親族である必要はありません。

また、贈与日において20歳以上であり、かつ、その会社の役員に就任してから3年以上経過していることです。

株式の議決権数については、贈与日において親族などを含む同族関係者と合わせた議決権数が総議決権数の50％を超えていることが要件です。その同族関係者で特例承継計画に記載された後継者のうち、単独で総議決権数の10％以上を保有する上位3人までが、納税猶予制度が適用される要件となります。

1-4

贈与税の納税猶予を相続税の納税猶予に切り替えるしくみ

実際に事業承継対策として贈与税・相続税の納税猶予制度を活用する場合、まず贈与税の納税猶予制度を活用し、やがて相続が発生した時に贈与税の納税猶予を相続税の納税猶予に切り替えるという対応があります。

その流れを次ページ図に沿って見ていきましょう。

贈与税の納税猶予に加え、相続税の納税猶予の適用を受ける

まず、贈与者であるオーナーから受贈者である後継者に株式の贈与をします。その際に贈与税の納税猶予の適用を受けます。２０１８年1月1日から10年間の間に後継者が取得する

贈与税の納税猶予を相続税の納税猶予に切り替える

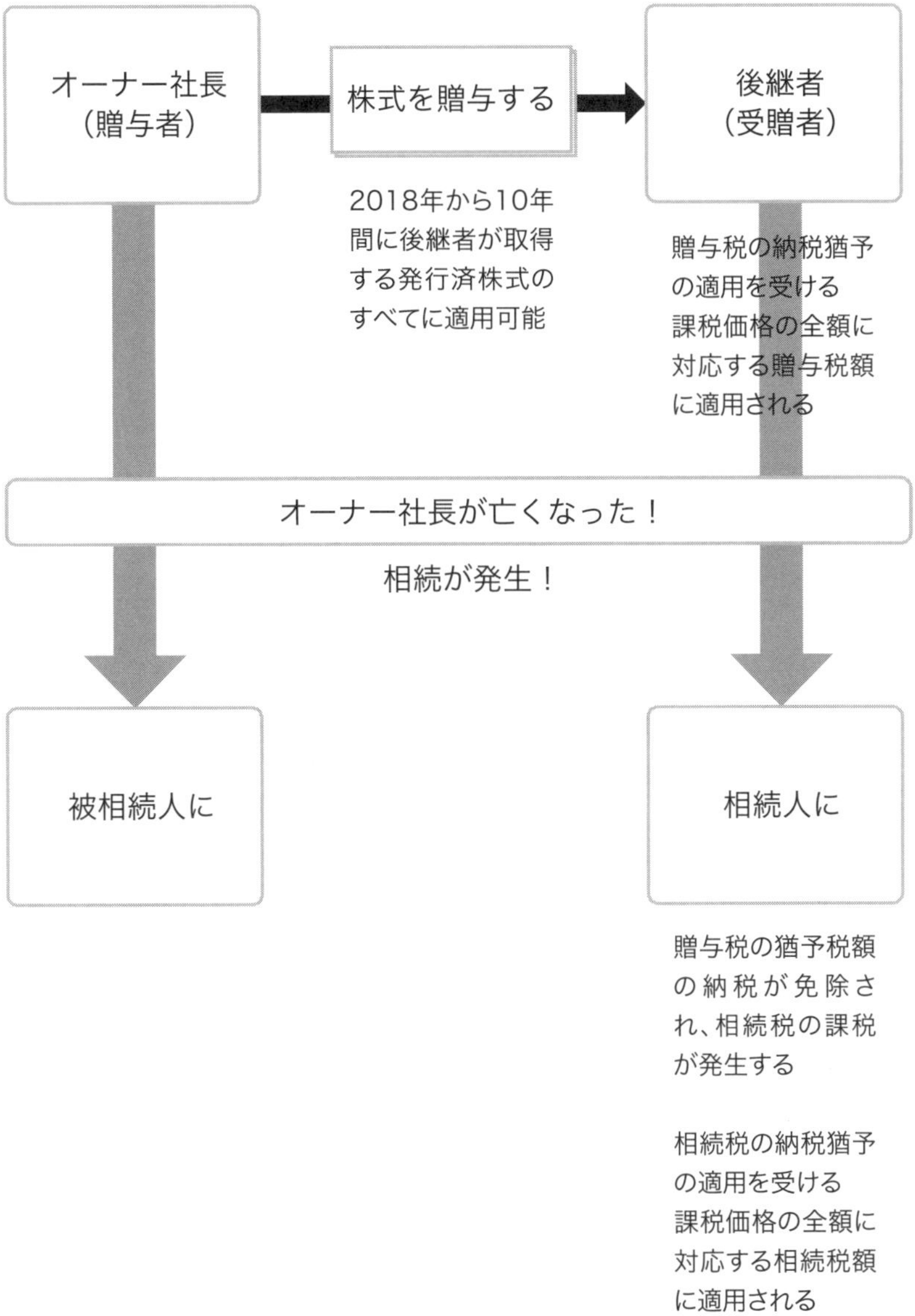

発行済議決権株式の全額に対応する贈与税額の納税猶予を受けることが可能です。

そしてオーナーが亡くなった時、贈与税の納税猶予については贈与者が亡くなったことで免除されますが、代わりに相続税の課税が行われることになります。その際に、相続税の納税猶予の適用を受けることになるのです。自動的に切り替えができるというわけではなく、所定の手続きが必要です。流れとしては、次のようになります。

①贈与税の納税猶予の適用を受けている期間中にオーナーが亡くなると、まず、その贈与税の猶予税額の納付が免除される

↓

②贈与税が猶予されていた対象株式等については、オーナーから後継者に相続があったものとみなす

↓

③贈与を受けた時点での評価額で、相続税額を算出する

↓

④前記③で算出された相続税額（課税価格の全額）について、都道府県知事の確認を受けるなど一定の要件を満たせば、相続税の納税猶予の適用を受けることができる

1-5 自社（非上場）株式の評価方法をおさらいしておこう

事業承継対策は実質的に、オーナー社長が所有する自社株を後継者に渡すことです。そのためには、自社株の評価がいくらになっているかを算定しなければなりません。

株式は上場株式と非上場株式に大別され、上場株式の額は日々、時々刻々と変動する株価の一時期の価格をもとに計算します。

その上場株式の評価は、原則として課税時期（相続の場合は被相続人の死亡の日、贈与の場合は贈与により財産を取得した日）の最終価格によって評価するわけです。

ただし、課税時期の最終価格が、次の３つの価額のうち最も低い価額を超える場合は、その最も低い価額により評価します。

①課税時期の月の毎日の最終価格の平均額
②課税時期の月の前月の毎日の最終価格の平均額
③課税時期の月の前々月の毎日の最終価格の平均額

問題は上場していない（非上場）株式の評価です。税務上は「取引相場のない株式」と呼んでいます。

取引相場のない株式の評価

取引相場のない株式の評価は、株式を取得した株主である後継者が、その株式を発行した会社の経営支配力を持っている同族株主か、それ以外の株主かによって異なります。本書では後継者による事業承継を中心に扱うので、特に断りがない限り、その株式を発行した会社の経営支配力を持っている同族株主であることを前提とします。

その取引相場のない株式は、詳しくは後述する**原則的評価方式**、また特例的な評価方式である**配当還元方式**によって評価します。

原則的評価方式とはその株式を発行した会社の規模を総資産価額や従業員数、取引金額によって、大会社、小会社、中会社に区分し、大会社には**類似業種比準価額方式**、小会社には**純資産価額方式**、中会社には大会社と小会社の評価方法の**併用方式**で評価します。

なお、特例的な評価方式とは配当還元方式のことです。その株式を所有することによって受け取る1年間の配当金額を、一定の利率（10％）で還元して元本である株式の価額を評価します。32ページ図でその概略を示しておきます。では、詳しく見ていきましょう。

株式評価には「原則」と「特例」がある

非上場会社の株式の評価は、「原則的評価方式」と「特例的評価方式」に大別されます。

原則的評価方式は、**オーナーから息子・娘など身内の後継者に対して事業承継を行う際、すなわち同族間の相続や贈与の際に適用される株式の評価方法**です。

一方の特例的評価方式は、同族間の相続や贈与ではなく、**いわゆる少数株主の相続や贈与の際に適用される評価方式**です。

非上場株式の評価方法

⑴原則的評価方式

類似業種比準価額方式	類似の事業を営む上場会社の株価に、「配当・利益・純資産」の3要素を加味して評価
純資産価額方式	会社の資産額から負債額を差し引き、純資産価額を算出して、自社株の評価額とする

⑵特例的評価方式

配当還元方式	配当金額を一定の利率（10%）で還元した額を算出し、自社株の評価額とする

原則的評価方式は さらに2つの方式に分かれる

まず、原則的評価方式は、「類似業種比準価額方式」と「純資産価額方式」に分かれます。また、会社規模によって、2つの方式を組み合わせて評価する場合（併用方式という）もあります。

類似業種比準価額方式とは、類似する事業を営む上場会社の株価に、配当・利益・純資産の3つの要素を勘案して自社株を評価する方法です。**純資産価額方式**は自社の資産の額から負債の額を差し引いた純資産の価額を自社株の価額と考える方法です。

純資産価額方式は実質的にその会社を清算する場合に株価を評価する際にも使われます。そのため、この方式で算出した自社株の価値は、**清算価値**とも呼ばれています。

特例的評価方式は配当還元方式による

特例的評価方式は少数株主、つまり同族株主ではない株主の所有する株式の評価額を算出するための方式です。同族株主ではない株主は、株式が本来持っている支配権を行使するために株式を保有しているのではありません。株式を保有する目的は、配当を受け取ることです。そこで、配当額に還元した価額で評価します。これを**配当還元方式**と呼びます。

具体的には配当金額を一定の利率（10％）で還元した価額を自社株の評価額とします。

一口に株式の評価といっても、非上場会社の株式の場合、その株式を持つ株主の属性、株式を持つ目的などに応じて、いくつかの評価方法があるのです。

1-6 原則的評価方式は「会社規模」と「特定会社」の判定から

原則的評価方式による評価では、具体的にはどのような方法によって評価したらよいのでしょう。まず会社規模を判定し、それが**特定会社**に該当するかどうかを判定することによって決まります。

順を追って見ていきましょう。

会社規模は「従業員数」「総資産価額」「取引金額」により判定

会社規模は**大会社・中会社・小会社**に分かれます。厳密にいうと、**中会社はさらに3つに区分**されます。区分の基準については次ページ図を参考にしてください。

非上場会社の会社規模の判定

①従業員数によって判定

会社の規模		従業員数
大会社		70人以上
		35人超
中会社	大	
	中	20人超
	小	5人超
小会社		5人以下

②業種によって異なる総資産価額によって判定

会社の規模		総資産価額		
		卸売業	小売業・サービス業	それ以外
大会社		20億円以上	15億円以上	
中会社	大	4億円以上	5億円以上	
	中	2億円以上	2,5億円以上	
	小	7,000万円以上	4,000万円以上	5,000万円以上
小会社		7,000万円未満	4,000万円未満	5,000万円未満

※35人超の中会社でも総資産価額が卸売業で20億円以上、小売・サービス業等で15億円以上の場合に、大会社として扱う

③業種によって異なる取引金額によって判定

会社の規模		取引金額		
		卸売業	小売業・サービス業	それ以外
大会社		30億円以上	20億円以上	15億円以上
中会社	大	7億円以上	5億円以上	4億円以上
	中	3.5億円以上	2.5億円以上	2億円以上
	小	2億円以上	6,000万円以上	8,000万円以上
小会社		2億円未満	6,000万円未満	8,000万円未満

※35人超の中会社でも取引金額が卸売業で30億円以上、小売・サービス業で20億円以上、それ以外で15億円以上の場合に、大会社として扱う

会社規模の判定の基準

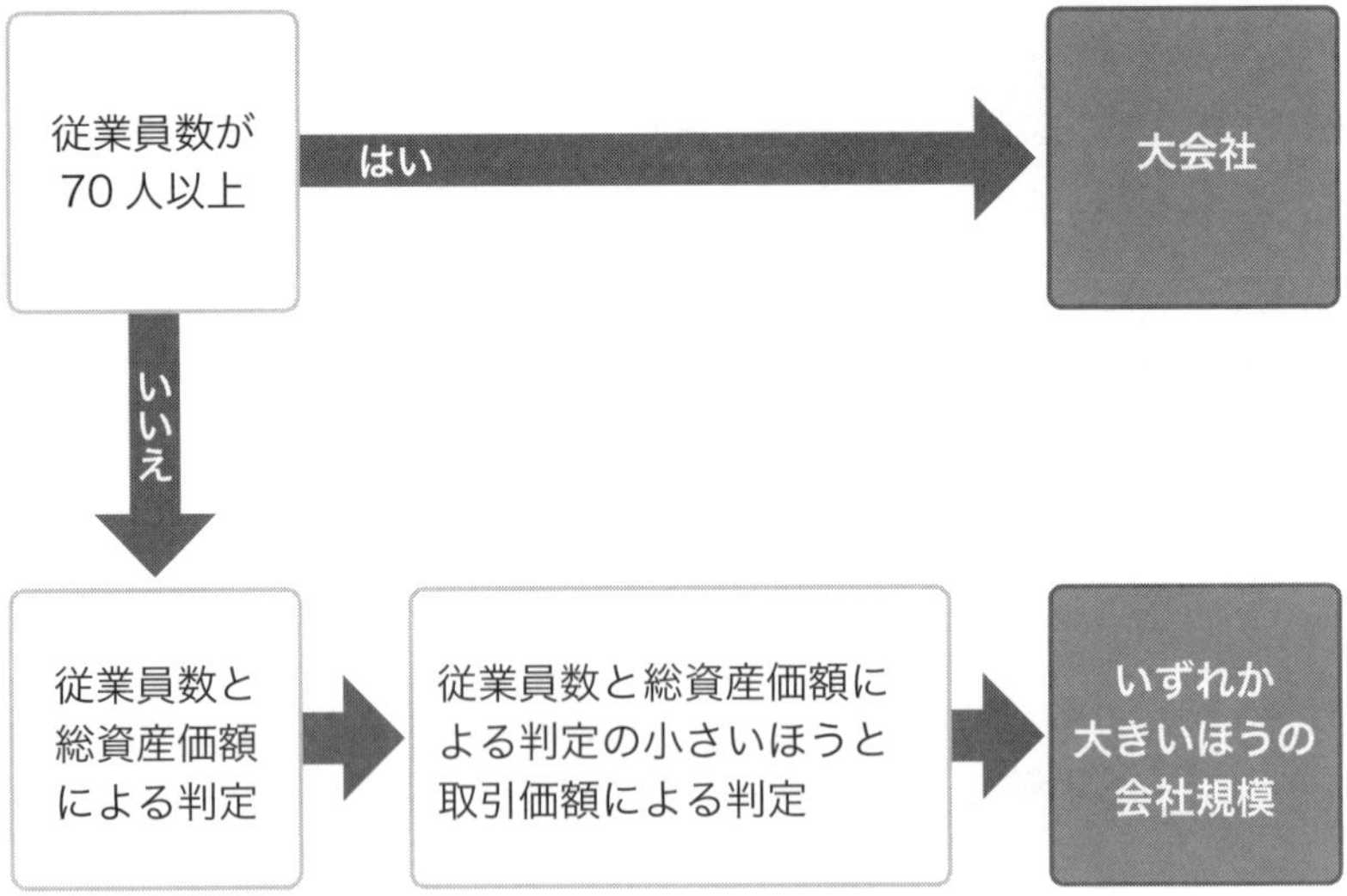

判定の流れとしては、次のようになります。

まず、従業員は70人以上かどうかです。70人以上であれば大会社と判定されます。

①前ページ図をもとに、従業員数によって判定する

②業種によって異なる総資産価額によって判定する

③前記①、②の判定の小さいほうを選び、かつ業種によって異なる取引金額で判定する

④前記③のいずれか大きいほうの判定を会社規模とする

次に特定会社か否かの判定です。特定会社とは、次に挙げる会社です。

①比準要素数1の会社

直前期において、1株あたりの**配当金額・利益金額・純資産価額**の3要素のうち、いずれか2要素がゼロかマイナスで、直前々期においては2要素以上がゼロかマイナスである会社のことです。

②株式保有特定会社

総資産に占める株式の割合が一定以上の会社のことです。

③土地保有特定会社

総資産に占める土地の割合が一定以上の会社のことです。

④開業後3年未満の会社

⑤直前期末をもとに「配当金額・利益金額・純資産価額」の3要素がゼロの会社

⑥清算中の会社

⑦開業前または休業中の会社

これらのいずれかに該当すると、原則として純資産価額方式で評価します。

この特定会社に該当しない場合は類似業種比準価額方式で計算しますが、会社規模により計算式が次ページ図のように異なります。

株式の評価方法の計算方法

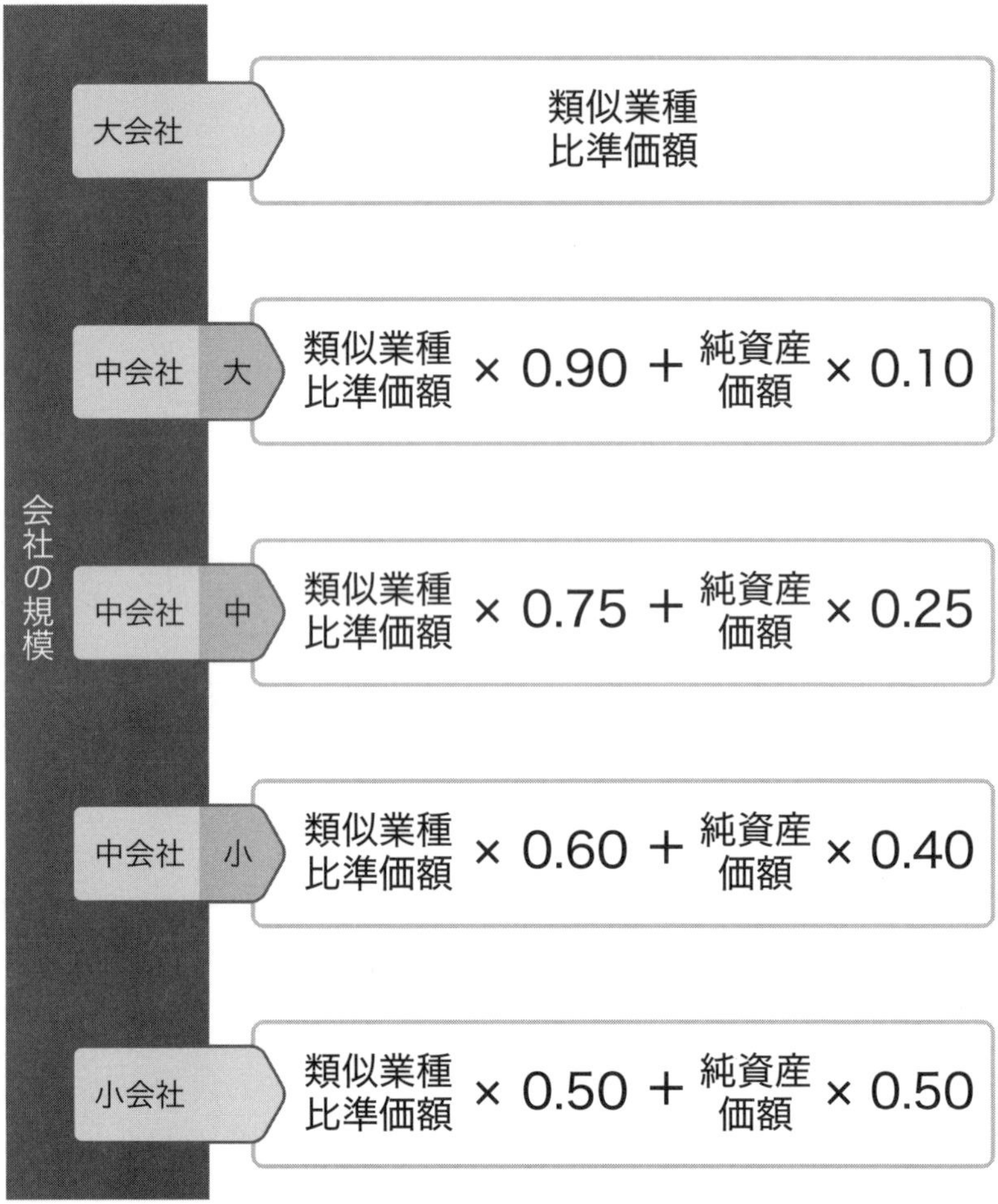

上記と純資産価額との選択適用となる

1-7 類似業種比準価額方式、配当還元方式などの計算法と留意点

類似業種比準価額の計算式は次ページ図に示すように、**配当・利益・純資産**の**3要素を基準に、類似する業種の上場会社の株価に比準して株価を計算**します。

このうち業種目別株価(類似業種の株価)については、次のいずれか低いほうを用います。

①課税時期の属する月の株価
②課税時期の属する月の前月の株価
③課税時期の属する月の前々月の株価
④課税時期の前年の平均株価
⑤課税時期の属する月以前2年間の平均株価

また、**配当・利益・純資産**それぞれの分母にあたる比準要素(上場会社の配当、利益、純

類似業種比準価額の計算方法

$$\underset{(1)}{\text{業種目別の株価}} \times \frac{\overset{\text{1株あたりの配当}}{\frac{\text{評価会社}}{\underset{(2)}{\text{類似業種}}}} + \overset{\text{1株あたりの年利益}}{\frac{\text{評価会社}}{\underset{(2)}{\text{類似業種}}}} + \overset{\text{1株あたりの純資産}}{\frac{\text{評価会社}}{\underset{(2)}{\text{類似業種}}}}}{3}$$

$$\times \underset{(3)}{\text{斟酌率}} \times \frac{\underset{(4)}{\text{1株あたりの資本金等の額}}}{\text{50円}}$$

⑴・⑵ 「業種目別の株価」と「類似業種の数値」はサンプリングされた上場会社の株価等から 113 の業種目別に毎年、国税庁から数値が示される（1株あたりの資本金の額を 50 円として数値化）

⑶ 斟酌率は大会社＝0.7、中会社 0.6、小会社 0.5

⑷ 1株あたりの資本金等の額は、資本金等の額を発行株式数で割ったもの

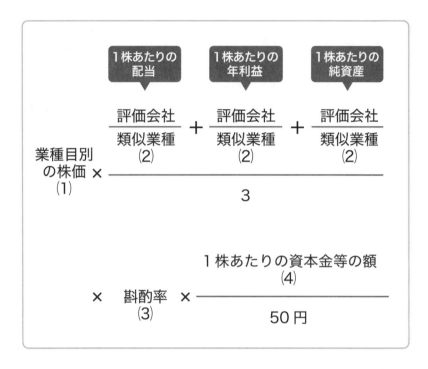

純資産価額の計算式

会社の資産の額から負債の額を差し引いた純資産価額を
自社株の価値と考え、１株あたりの評価額を算出

$$\frac{\text{純資産（帳簿）価額} + \{\text{含み益} \times (1 - 37\%)\}}{\text{発行済株式総数}}$$

- 「含み損」となる場合は、帳簿価額による純資産価額から、その含み損の額を減額する
- 37％については会社が現在、清算した場合の法人税等の税率。今後、変更される可能性もある

資産の額）については連結決算を反映させたものです。

なお、前記３つ（配当、利益、純資産）の比準割合は１：１：１です。

純資産価額方式の計算法は？

純資産価額方式の計算は上図に示すように、会社の資産の額から負債の額を差し引いた純資産価額を自社株の価値と考え、１株あたりの評価額を算出します。この計算式でいう「含み益」とは、相続税の評価額である純資産価額から、帳簿上の純資産価額を差し引くことによって算出します。また、「37％」というのは、会社を清算したた

と仮定した場合の法人税率です。この37％という数値は２０１６年４月以降に取得した自社株に対する数値であり、２０１５年４月～２０１６年３月までに取得した自社株については38％、その１年前（２０１４年４月～２０１５年３月まで）に取得した自社株については40％、さらにその２年前の間（２０１２年４月～２０１４年３月まで）に取得した自社株については42％として計算します。

特定会社の株式の評価は、その会社の規模によって異なる場合がある

前述のとおり、特定会社の株式の評価は純資産価額方式で株価を計算しますが、特定会社か否かの判定では会社の規模によって異なるケースがあります。

たとえば株式保有特定会社は大会社、中会社、小会社ともに、総資産に占める株式の保有割合が50％以上の会社が該当します。ただし、総資産に占める株式には、金融商品取引会社が保有する商品としての株式、法人に対する出資金、外国株式、株式制のゴルフ会員権、新株予約権付社債が該当します。

また、土地保有特定会社は総資産に占める土地の保有割合が大会社では70％以上、中会社

配当還元方式の計算方法

$$\frac{\dfrac{\text{直近2期平均配当額}}{\text{資本金等の額}\div 50\text{円}}}{10\%} \times \frac{\text{1株あたりの資本金等の額}}{50\text{円}} = \text{株価}$$

配当10％は旧額面価額の場合で、配当20％は旧額面価額の２倍の場合。配当 5％未満の場合は旧額面価額の半額で計算

配当還元方式の計算例

旧額面金額に対して、
年間10％の配当を行う場合

資本金額	1,000 万円
毎年の配当金額	100 万円
発行済株式	100 株
1株あたりの資本金の額	10 万円

$$\text{株価} = \frac{\dfrac{1{,}000{,}000\text{円}}{10{,}000{,}000\text{円}\div 50\text{円}}}{10\%} \times \frac{100{,}000\text{円}}{50\text{円}} = 100{,}000\text{円}$$

では90%以上の会社が該当します。小会社では総資産に占める土地保有割合が、総資産価額基準が大会社に該当する場合は70%以上、総資産価額基準が中会社に該当する場合は90%以上の場合に土地保有特定会社となります。

特例的評価方式は「配当の還元」で決まる

特例的評価方式は少数株主、また同族株主ではない株主のための評価方式です。その場合は配当還元価額で株価を評価します。これは会社の規模にかかわらず、前ページ図に挙げた計算式により算出します。計算例も示しておきましたので、参考にしてください。

第2章

事業承継税制における
相続税・贈与税の
ポイント

事業承継税制の改正について、特に、拡大・拡充された贈与税・相続税の納税猶予制度の内容とその留意点などについてまとめています。対象株式数・猶予割合、適用対象者が拡大し、雇用要件については弾力的に運用され、納税猶予の新たな減免制度も創設されました。

2-1 事業承継税制の適用要件を緩和し、適用後の不安・負担も軽減する

２０１８年４月に、事業承継税制における贈与税・相続税の納税猶予の特例制度が大幅に拡充されました。本章では改正の背景・主旨を踏まえつつ、その詳細を解説していきます。

事業承継税制は一言で示すと、**中小企業の経営者が事業を後継者に引き継ぐ際に支援する税制措置**であり、メインとなるのは贈与税・相続税の優遇措置です。この優遇措置の代表例が納税猶予の特例制度ということになります。

前述のように、この納税猶予制度は２０１８年４月１日から５年以内に特例承継計画を都道府県に提出し、２０１８年１月１日から10年以内に実際に承継を行うオーナーを対象にしています。

では、制度内容の拡充策のポイントとなる内容について順を追って見ていきましょう。

納税猶予制度の拡充のポイント

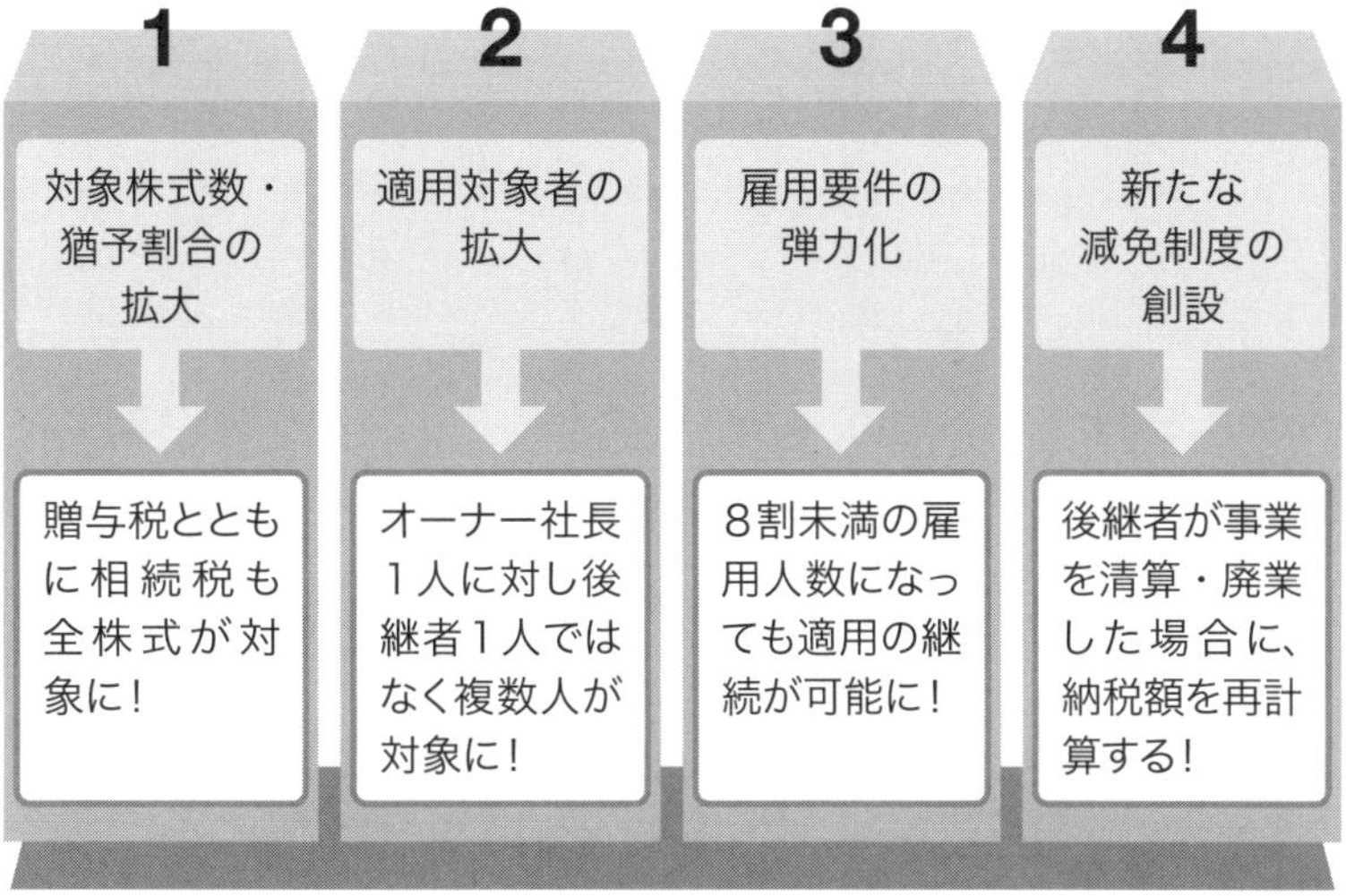

入り口で適用要件を緩和し、出口では継続的適用要件を緩和

拡充策については、上図の4つの柱があります。

それを制度の適用の「入り口」と「出口」の観点でとらえると、入り口では適用要件を緩和し、事業承継にかかる負担を最小化しました。一方の出口では継続的に適用される要件を緩和することで、制度適用後のリスクを軽減し、将来にわたる不安を軽減しています。

従来に比べ、格段に活用しやすい制度になっています。その概要は次のとおりです。

⑴適用の入り口要件の緩和

従来の事業承継税制では納税猶予の対象となる株式数には3分の2の上限があり、かつ相続税の納税猶予については、その割合が80％までとされていました。特に相続税では実質的に53・3％しか納税猶予が受けられなかったのですから、後継者は事業承継の際に、多額の税負担を受けることがあったのです。加えて、事業承継税制の対象は、1人のオーナーから1人の後継者への贈与・相続であった点も適用の門を狭めていました。

ところが2018年4月1日から、対象株式数の上限を撤廃し、全株式が適用されるようになりました。同時に、納税猶予割合も100％に拡大しました。これにより、納税猶予制度の適用を受けたオーナー・後継者の税負担は実質的にゼロになりました。

税制の適用対象も拡充されています。親族外を含む複数の株主から代表者である後継者（最大3人）への承継も対象になりました。

この拡充によって、**オーナー1対後継者1だけではなく、多様な事業承継が支援されるようになりました。**

⑵税制適用後の不安の軽減

これまでは後継者が自主廃業や事業の売却をした際、経営環境の変化によって株価が下落した場合でも、承継した時の株価をもとに贈与税・相続税が課税されていたので、その当時の株価の評価が高額だと過大な税負担が生じてしまうことがありました。

また、事業承継税制の適用後、5年間で平均8割以上の雇用を維持できなければ、納税の猶予は打ち切りとなっていました。人員が縮小し、多額の納税をしなければならないとなると、大きな負担であり、それは経営のリスクでもありました。

ところが、2018年4月からは、**売却時や廃業時の評価額をもとに納税額を計算する**ことになりました。その改正により、承継時の株価をもとに計算された納税額との差額は減免されることになります。それは、経営環境の変化による将来の不安を軽減することにつながります。

5年間で平均8割以上の雇用要件も緩和されました。未達成でも、経営悪化などが理由の場合は後述する認定支援機関の指導や助言が必要ですが、猶予の継続が可能になりました。

では、主要な改正点の詳細を次の項目から見ていきましょう。

2-2 納税猶予の対象株式は無制限に!? 従業員の雇用要件も緩和

贈与税と相続税のこれまでの納税猶予制度では、先代のオーナーから後継者が取得した会社の株式のうち、議決権株式総数の3分の2に達する部分までが対象でした。それも、その贈与や相続の前から後継者がすでに保有していた部分は対象外でした。

承継する全株式が対象に!

議決権株式総数の3分の2に達する部分までが対象ということは、どのようなことか単純計算してみましょう。

贈与税については、これまでも猶予割合が100%であったため、3分の2=約66%の株式の評価分にかかる贈与税の納税が猶予されていました。一方の相続税については、猶予割合が80％でした。そのため、実質的に猶予される株式は2／3×80％＝約53％の株式の評価分にかかる相続税の納税が猶予されるのみでした。納税が猶予されると喜んでも、実質的に税額の半分ほどは納税しなければならない。ここに、後継者に負担が重くのしかかっていたのです。

ところが事業承継税制の改正により、**相続税における猶予割合が100％に**なりました。また、対象株式数の上限が撤廃され、**全株式が対象**になりました。これらの改正により、事業承継時の相続税の納税猶予制度を活用すれば、その税金負担は贈与税と同様に実質的にゼロとなりました。

従業員の雇用要件の緩和は小さい会社こそ有効に！

これまでの贈与税・相続税の納税猶予制度では、オーナー社長から後継者に事業を承継した際、その後5年間の平均で雇用の8割を維持することが求められていました。もし、8割の雇用を維持できなかった場合には、猶予されていた贈与税や相続税の全額を納めなければ

雇用要件（8割基準）の基本イメージ

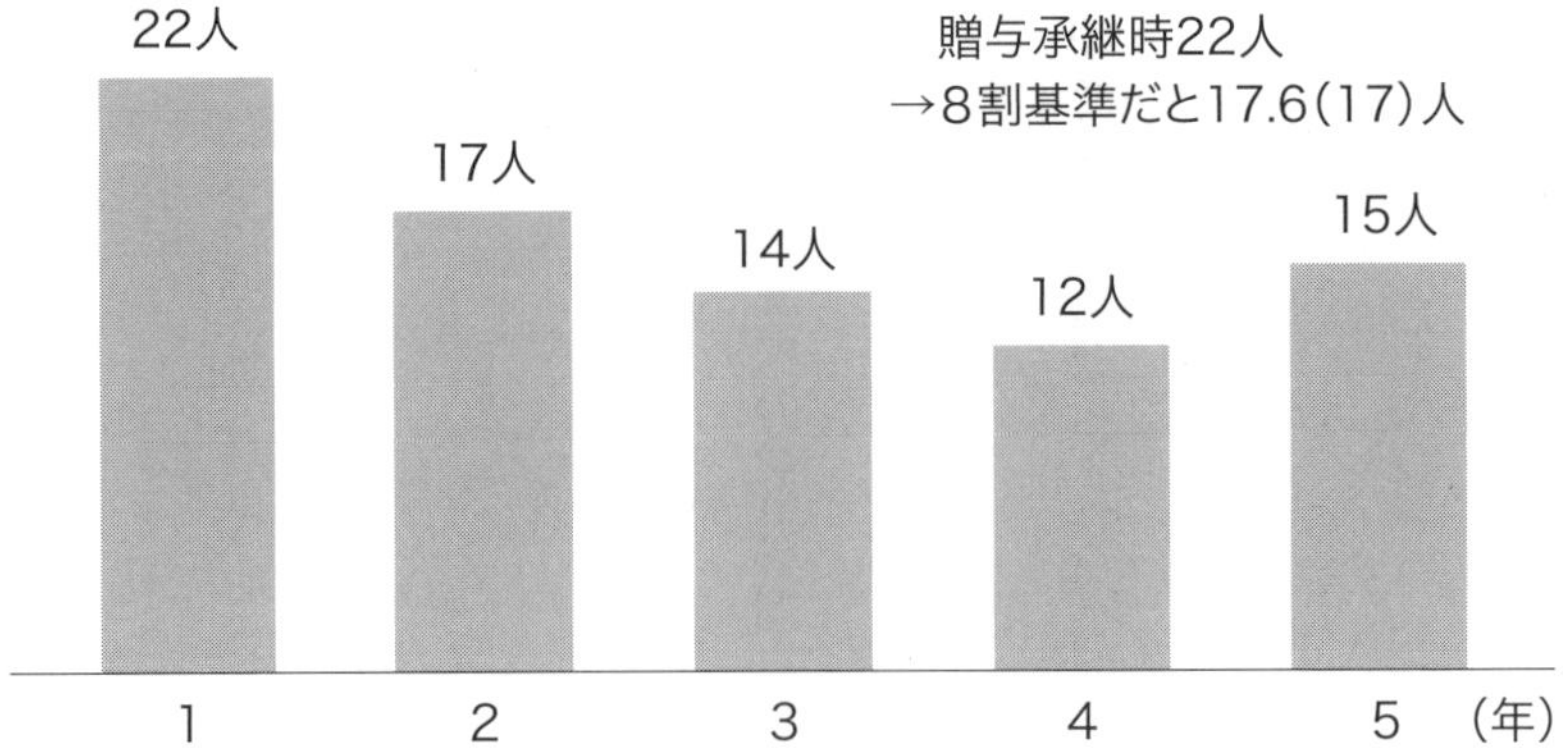

5年平均が16人
8割基準以下でも理由の報告など一定の要件のもと適用は継続

ならなかったのです。

これは、「雇用を従前どおり維持できる経営を続けてこその事業承継であり、雇用を維持できないような会社の後継者は納税猶予制度から退場してください！」ということです。

現実問題として、特に小規模な会社では雇用を維持できる見込みは立てにくいので、そのことを理由に制度の利用を躊躇する声もあったようです。

この**8割雇用要件が実質的に廃止**されました。5年平均で8割の雇用を維持し続けるという考え自体は大事なことですが、要件を満たせなかった場合でも納税の猶予が継続されることになったのです。

ただし、納税猶予を継続するにはいくつかの手続きがあります。

まず、8割の雇用要件を満たせなかった場合には、**都道府県にその理由を報告する**ことです。また、その理由が経営の悪化のほか、正当なものと認められないような場合には、**認定支援機関の指導や助言を受ける**必要があります。

8割の雇用要件の実質的な撤廃は、小規模な会社ほど恩恵があります。たとえば、4名を雇用している会社では、贈与や相続にあたって後継者に納税猶予が適用されていた場合、贈与・相続後の5年平均の従業員数が3名を切っただけで、これまで雇用の8割を満たせなかったと判断され、猶予されていた納税額の全額を納めなければなりませんでした。

ところが、今後は同様の状態が起きた場合でも、きちんと理由を報告し、また必要に応じて認定支援機関による指導や助言を受ければ、納税の猶予は継続されます。

2-3 事業を引き継いだあとの経営環境の変化に応じた対応も整備

これまでの納税猶予制度では、1人のオーナー社長から1人の後継者への贈与や相続にかかる納税が猶予されているだけでした。たとえば次ページ上図で示すような事業承継が行われた場合、オーナー社長の配偶者、同族関係者、また第三者からの株式の贈与については納税猶予の対象とはならなかったのです。

複数の贈与者から複数の後継者への贈与も対象になる

ところが、この「1人のオーナー社長から1人の後継者へ」という要件が改正され、複数の株式の贈与者から、複数の後継者への事業承継についても納税猶予が適用されることにな

対象者の拡充で適用が充実

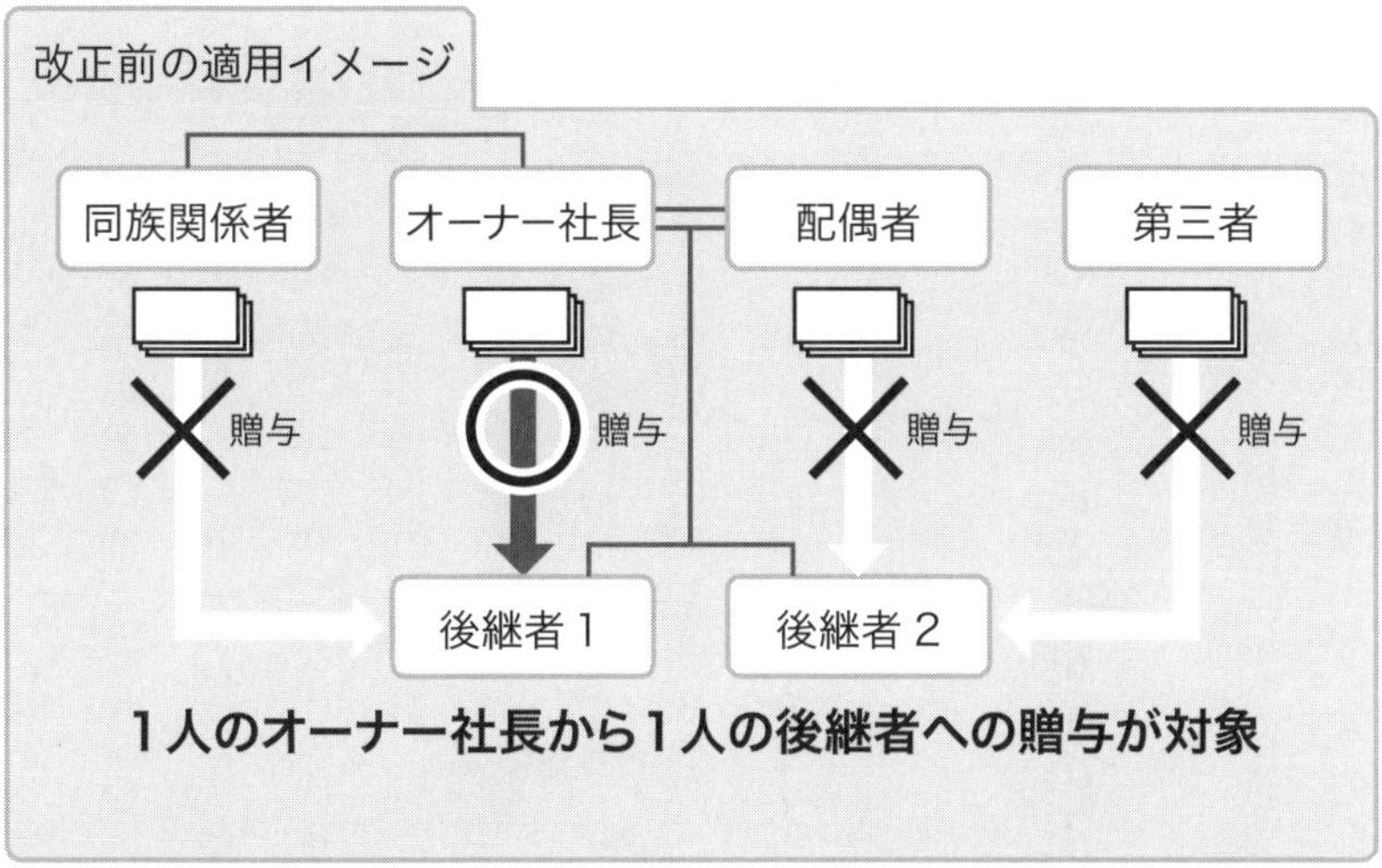

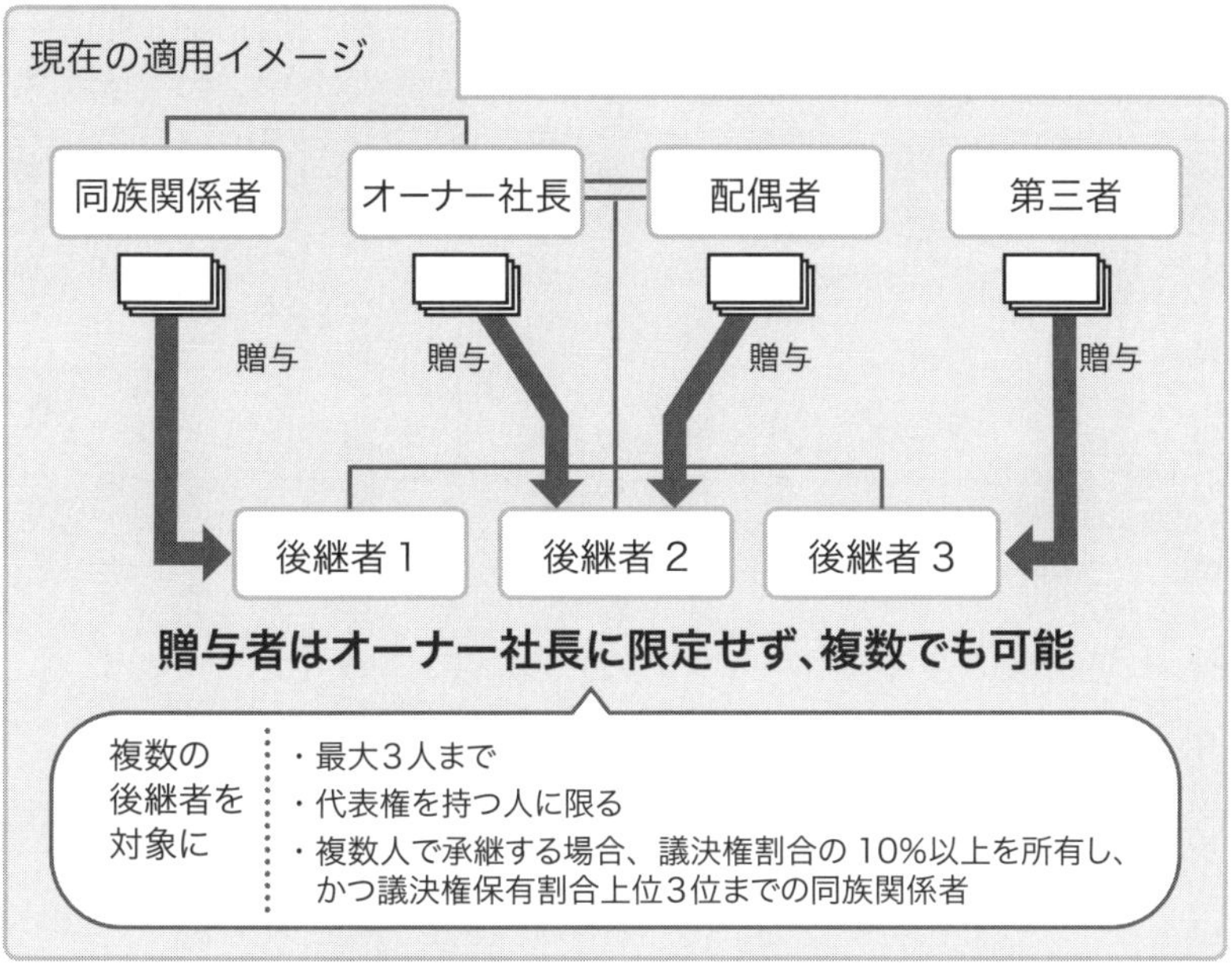

りました。前ページ下図で示したような対応でも対象になるということです。

ただし、この後継者には、いくつかの要件があります。まず、「最大3人まで」ということです。加えて、その3人は「代表権を持っている人」に限られます。また、複数人で承継する場合、その3人はそれぞれが議決権割合の10%以上の株式を保有し、かつ、議決権保有割合の上位3人までの同族関係者ということになります。なお、親族外も含めて代表者以外の第三者から株式の贈与を受ける場合、5年間の特例承継期間内にその贈与にかかる申告書の提出期限が来るものに限られます。

図では贈与について例示しましたが、相続でも基本のしくみは変わりません。オーナー社長が亡くなった時、その後継者が1人でなくても、前述した後継者の要件を満たす場合には、3人の後継者に事業承継した場合でも相続税の納付が猶予されます。

経営環境の変化による後継者の不安を軽減

これまでの事業承継税制では、承継した後継者が自主廃業や売却を行う際には納税猶予が取消しになり、先代オーナーから承継した時点の株価をもとに計算した贈与税・相続税を納付しなければなりませんでした。その際に、**経営環境の変化**により株価が下落しても承継時の株価をもとに算出した贈与税・相続税を納付しなければならないため、後継者にとって大きな税負担が生じていました。

そこで、納税額を再計算する措置が講じられました。承継時の株価による納税額と、事業の廃業・売却時の株価による納税額（直前の配当額等を含む）に差額が生じた場合、その差額は減免されます。

たとえば、承継時の株価総額が2億円で納税猶予額が1億円の会社（オーナー社長・後継者）があるとします。もし、10年後、20年後などに後継者が会社を売却することを決め、その売却額にもとづいた税額を再計算したところ、６０００万円であったとします。その場合、納税額の４０００万円が減免されるわけです。

なお、この「経営環境の変化」については次ページ図のような要件があります。

経営環境の変化とは？

❶ 過去３年間のうち、２年以上が赤字である

❷ 過去３年間のうち、２年以上、会社の売上高がその前年の売上高より減少している

❸ 直前の事業年度終了の日における有利子負債の額が、その直前の事業年度の売上高の６か月分以上である

❹ 会社の事業が属する業種の上場会社の年間平均株価がその前年の平均より下落している

❺ 解散の場合を除いて、後継者が経営を継続しない特段の理由がある

これらのいずれかが該当すればＯＫ

2-4 相続時精算課税制度の適用範囲も拡大された

これまで相続時精算課税制度は、60歳以上の父母や祖父母が20歳以上の子や孫に贈与するケースのみが対象でした。それを事業承継税制のなかで運用すると、いわばオーナー社長が直系卑属である後継者に対して贈与する場合だけに適用されることになります。それでは適用の範囲が限定されてしまいます。

贈与者の子や孫でない後継者に対する贈与にも適用

この点、相続時精算課税制度の適用範囲が拡大され、**60歳以上の贈与者から20歳以上の後継者への贈与も相続時精算課税制度が適用**されるようになりました。後継者が贈与者の子や孫ではないケースでも適用が可能になったのです。

次ページ図をもとに見ていきましょう。かつては、図のⒶ部分の贈与について相続時精算課税制度が適用されていました。ところが現在は図のⒷ部分の贈与にも相続時精算課税制度が適用されるようになりました。しかも、いまは後継者も一定の要件のもと最大3名まで納税の猶予が適用されますから、**事業承継税制においても相続時精算課税制度は使い勝手のよい制度となりました**。

相続時精算課税制度の改正は適用範囲にかかる部分のみで、基本的なしくみ、また手続きなどに変更はありません。適用を受けるには贈与税の申告の際に相続時精算課税制度の適用申請を行い、受理されれば、贈与者が他界して相続が発生した時に、これまでの贈与額を精算し、算出した額の相続税を納付することになります。

相続時精算課税制度の典型的なメリットは、贈与以後、株価が上昇するような株式を後継者が受ける場合に発揮されます。税額の計算の根拠となる株価は贈与時のものとなるからです。一方、その逆の場合は相続時精算課税制度のメリットが十分に発揮されないケースがあります。

ですから、その適用に関しては専門家に相談してみることをお勧めします。

相続時精算課税制度の適用範囲の拡大

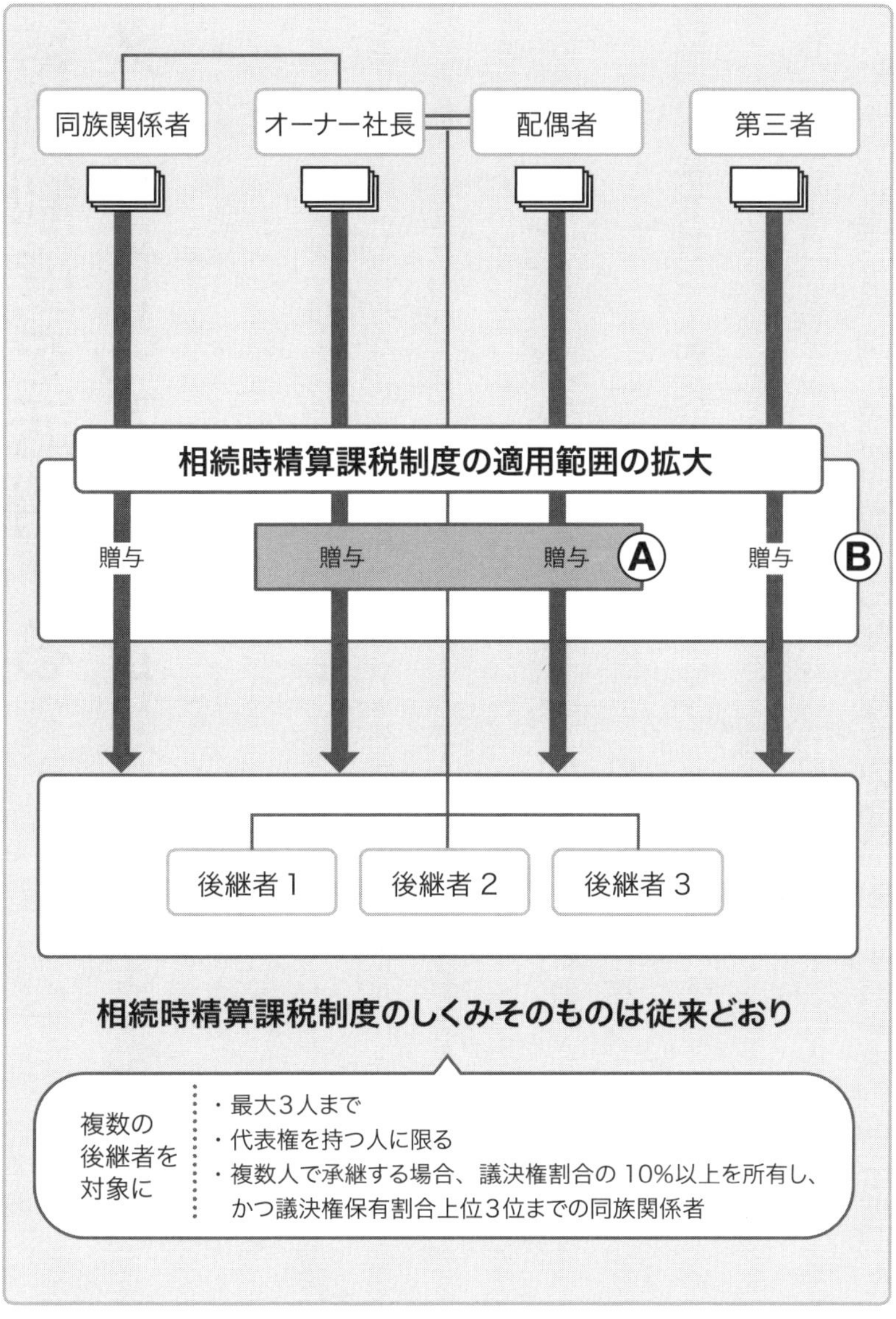

2-5 特例制度を活用するメリットとデメリットを整理する

事業承継税制における贈与税・相続税の納税猶予制度は大幅に拡充されました。適用を受ければ納税の実質負担はゼロ！　と聞くと、多くのオーナー社長や後継者がそのメリットを感じるはずです。

そのようなメリットがある半面、デメリットもあります。それを整理しておきましょう。

時間的余裕を持って対応できる

メリットの第1は、何といっても贈与税・相続税の納税負担が実質的にゼロになることです。たしかに手続き面では、適用申請など煩雑な面もありますが、それを乗り越えれば、非上場会社のオーナー社長と後継者はこのメリットを享受できます。オーナー社長からの相続だけでなく、第三者からの会社の株式の贈与、また、複数の後継者への贈与や相続にも適用されるので、承継のパターンは広がります。

加えて、納税猶予の適用期間が2027年までと時間があるので、オーナー社長は後継者と目する人の経営力を高めたり、後継者の要件となる3年以上の役員就任期間のほかにも他社修業の機会を設けたりもできます。つまり、**十分に見極めつつ後継者に育てることができる**のです。

2027年までの間に自社株の評価額や経営状況を見極めながらベストなタイミングで株式を贈与することも可能です。

また、事業を続けていけば、M&Aや事業の消滅や解散などもあり得ます。その場合でも納税に関しては減免措置がありますので、その部分の心配や負担は軽減されます。

なお、贈与税の納税猶予に関しては相続時精算課税制度の併用が可能になり、それは納税の猶予が取消しになっても続けて適用されます。いわゆる暦年課税ではなく、相続時精算課税の特別控除(2500万円)があり、税率も20%なので、使い方によっては当面の納税の負担が軽減されるケースもあります。

オーナー社長は贈与をすると代表者に復帰できない

デメリットとしては、**贈与の際にはオーナー社長は代表権を外さなければいけません**。もちろん、その後に代表として復帰することも許されません。あくまで事業を承継することを前提とした制度だからです。

また、贈与は譲渡ではありません。贈与しても、先代のオーナー社長はその株式を自分で現金化できないということになります。後継者の保有議決権数が全体の3分の2を超えない状況での株式の贈与では、先代のオーナー社長はいっさい現金化できないということに留意しておくべきです。この点については後述するように「譲渡か贈与か」を見極め、トクな選択をすべきということもできます。

なお、納税の猶予が取り消されることになった場合は納税する必要がありますが、その際は納税猶予期間に応じた利子税が加算されます。年によって変動しますが、2018年は0・7％で、1億円の納税額なら年70万円となります。この負担があるということは留意しておいたほうがよいでしょう。

2-6 納税猶予の期限が確定した時の対応のしかた

事業承継税制、また贈与税・相続税の納税猶予制度は、事業が承継されることを前提とした税制です。そのため、たとえば、後継者が代表者から退いたなど、一定の事由に該当すれば制度の適用は取り消されます。

これを納税猶予の**期限の確定**と呼んでいます。

事由に該当した日から2か月のうちに納税が必要

猶予税額の納税が確定する主なケースには67ページ図のような事由があります。

このような事由が発生した場合は、**該当することになった日から2か月間のうちに猶予さ**

れていた税額と猶予されていた期間の利子税を納めなくてはなりません。

納税猶予の期限の確定ではなく、猶予されていた税額が免除されるケースもいくつかあります。贈与税については、

①贈与者が亡くなった時（相続税の納税猶予に切り替わる）

②先代経営者の亡くなる前に受贈者である後継者が亡くなった時

などです。相続税については、「納税猶予を受けた後継者が亡くなった時」がその典型的なケースです。そのほかに、「承継期間の5年を経過したあと、後継者が、次の後継者（3代目とする）に一定以上の猶予対象株式を贈与し、その3代目が納税猶予の認定を受けた時」は贈与税が全額免除され、その事由を経て後継者に相続が発生した場合は相続税も全額が免除されます。

言葉としては不正確かもしれませんが、たとえば、後継者が相続税の納税猶予の特例の恩恵を本当に受けられるのは、その後継者が亡くなった時、といえるのかもしれません。

納税猶予の期限が確定する主なケース

1. 後継者に代表権がなくなったとき
2. 後継者と同族関係者の保有する株式が 50%以下となったとき
3. 後継者が承継した会社の筆頭株主でなくなったとき
4. 承継した会社の株式を上場したとき
5. 承継した会社が資産管理会社に該当するようになったとき
6. 承継した会社が減資をしたとき
7. 後継者が承継した会社の株式を譲渡したり贈与をしたりしたとき
8. 承継した会社を解散したとき
9. 年次報告書や継続届出書が未提出であったり、虚偽の報告などをしていたとき

→ 確定後、2か月以内に納税

2-7 事業承継税制を利用する際に確認、検討しておきたいこと

事業承継税制の納税猶予の特例制度を活用するにあたって、ぜひ押さえておきたいのは、「自分にとって最適な事業承継対策は何か」ということです。活用することが目的になってしまうと、前述した制度適用のデメリットに見られるように、思わぬ負担に見舞われてしまうことにもなりかねません。納税猶予の制度を利用することで、経営判断の自由が利きにくくなったり、3代目などのちの後継者に〝ツケ〟を残したりしてしまうこともあり得ます。

事業承継対策を3つの観点から絞ってみる

どのような事業承継が最適なのかを、「事業承継に関して強い意欲を持っているか」「後継

者になる人が本当にいるか」「事業承継によるオーナー社長自身と後継者の損得」の3つの観点から考えてみましょう。

(1)事業承継に関して強い意欲を持っているか

オーナー社長のなかには、「この先、会社の業績も先細りする一方だし、私の代で事業をたたんだほうがいいのかもしれない」といったことを思っている人がいるかもしれません。たしかに、誰がどう見ても、そのほうが賢明だと考える事業やオーナー社長がいることも事実でしょう。

その場合は早めの廃業や清算を行い、店じまいすることも選択肢の1つです。**タイミングを見極めた廃業・清算ができると、それだけオーナー社長にとっては財産を残せる**可能性もあるからです。「事業承継はしない」と決め、「では、いつ、事業をたたむか」を見極めていくのも、事業承継の重要な選択肢の1つと考えてみてはいかがでしょうか。

かつては、事業を息子や娘に継がせることだけが重要という考えもありました。ですが、現在、さらに今後は、さまざまな事業承継のスタイルが出てくるでしょう。その時大事なのは、オーナー自身が損得を見極めて最良の選択をすることです。すなわち、**事業を承継する**

ことに関して強い意志がなければならない、ということです。その強い意志がなければ、まず息子・娘は後継者になるということに共鳴しないでしょう。親族や役員・従業員も、さらに第三者も同様です。

(2)後継者になる人が本当にいるか

自他ともに後継者と認める人がいない場合でも、**後継者として想定できる人がいるかどうかで事業承継の対策の中身が変わってきます**。

後継者と目される人がいない場合は、後継者を見つけないといけません。まず、身内・親族の誰かにあたりをつけ、見つけられない場合は自分の会社の役員もしくは従業員の誰かという選択肢が現実的でしょう。

その場合の事業承継の手法としては、後述するMBO（マネジメント・バイアウト＝会社経営陣がオーナー社長から自社株式を譲り受けたり、事業部門の統括者がその事業部門の事業譲渡を受けたりすることで、オーナー社長として独立する行為）やEBO（エンプロイー・バイアウト＝会社の従業員がその会社の事業を買収したり、経営権を取得したりする行為）があります。会社や将来的に維持できる事業を、役員や従業員の誰かに株式を移動させることで譲渡するわけです。

また、身内に後継者がいない場合は、**M&A**という手法もあります。外部資本に会社や特定の事業を売却する手法です。M&Aというと大きな会社が合併したり買収したりといったことが取り沙汰されるのが一般的ですが、実態としては、中小規模の会社も頻繁に行っています。

従業員が数十人レベル、年商数億～十数億円レベルの中規模の会社では、すべての事業を売却するのではなく、将来性の見込める特定の部門を切り売りするという手法も頻繁に行われています。譲ることができなかった事業は、早期に廃業・清算など意思決定すれば、オーナー社長は自分の財産を残した状態で経営から退くこともできます。

むしろ最近では、第三者事業承継というかたちで中小企業のM&Aを行うことも増えてきました。その売却や購入の仲介を行ったりアドバイスしたりする仲介業者もたくさんあり、そうした事業に関与する税理士・公認会計士法人もいます。

もちろん金融機関でも、そうした相談を受け、税理士・公認会計士法人と連携して対応する部署・担当者もいます。

最近では、後述する**事業引継ぎ支援センター**といった公的な機関もあります。

なってきます。

もちろん、その時にはオーナー社長や後継者が得られる対価、金銭的かつ労力的な負担の程度などを勘案した損得も考慮すべき事項です。

オーナー社長が贈与税・相続税の納税猶予制度の適用を、「手続きが面倒だ」などと重視しないまま事業承継を進め、後継者が大きな納税負担を強いられることはあり得ます。

その一方、納税猶予制度の適用が目的となってしまい、実際に事業承継対策を行ってみると、納税負担は思った以上に軽く、適用申請や継続のための労力的な手間がかえって負担になったということもあり得ます。そのような損得も考慮に入れるべきでしょう。

⑶事業承継によるオーナー社長自身と後継者の損得

後継者が決まっている場合は、直接的にどういう事業承継の手法を選ぶか、ということに

オーナー社長に事業承継の強い意志があり、かつ後継者が決まっているのであれば、具体的な事業承継の手法としては、**オーナー社長が持つ自社株を贈与するか譲渡するか、の選択になります**。譲渡は税法上一般に使われている用語で売却ということと同義です。

贈与の場合はオーナーから後継者に株式を贈与することになりますので、後継者は贈与税の負担を考慮しなければなりません。と同時に、事業承継税制における納税猶予制度の適用

を受ける場合は、その手続きをとることになります。

また、贈与ですから、オーナー社長には単純にはお金が入ってきません。単純には現金化できないことも損得として考慮すべきことの1つです。

譲渡の場合は後継者がオーナーから株式を買い取ることになりますので、まず買い取るための資金の確保が課題になるでしょう。銀行から融資を受けるのか、後継者が何らかの資産を処分して株式の調達資金を作るのか、といったことを検討しないといけません。あわせて譲渡によって発生する課税を考慮に入れることも大切です。

もし、後継者が息子や娘と決まっていて、その後継者に株式の贈与や譲渡を行わないままオーナーが亡くなってしまった場合、相続による事業承継ということになります。後継者は相続による負担を考慮に入れつつ、どのように対策をとるべきかを検討します。相続が発生した直後はあわただしいものですが、事業承継税制の相続税の納税猶予制度の適用を受ける場合は、その手続きを行わないといけません。

2-8

後継者と一緒になって贈与と譲渡について考えることも大事

一般的にいうと、オーナー社長が事業承継について考える場合、オーナー社長自身には事業を承継していきたい（させたい）という強い意志が明確にあり、息子や娘、また第三者に後継者と目される人がいることが多いようです。

それでも具体的な対策をとらないまま事業を続けているのが、現実には多いのではないでしょうか。

そのような場合、一度、オーナー社長と後継者が、自分たちの事業承継では、どのような手法がふさわしいのかについて、一緒に考えてみることをお勧めします。具体的には前述のとおりオーナーが贈与するか譲渡するか、ということになりますが、その見極めができて初めて、より詳細な手法の検討になってくるのです。

贈与と譲渡の損得の検討ポイント

贈与と譲渡について、それぞれの検討ポイントを見ていきます。

まず、**事業承継ができたあとに、オーナー社長自身にお金が必要かどうか**です。当然ながら、贈与の場合はオーナーの手元にはお金が残りません。そこで、たとえば、「事業は譲るけれど、手元に一定の老後資金は残るようにしたい」といった場合は、これまで事業で得た財産で老後資金の対応をするか、それとも贈与ではなく譲渡によって譲渡益を得るか、そうでなければ会社から退職金をもらうことを検討することになります。

譲渡であれば、オーナーは株式をお金に換えることができます。それを老後資金に活かすこともできますし、自分が亡くなった時の相続税負担分として置いておくこともできます。

贈与と譲渡については、もう1点、**オーナー社長自身が自社株のほとんどを持っている**か、それとも分散して所有しているかも重要な検討ポイントです。

贈与の場合はもちろんのこと譲渡の場合でも、オーナー社長自身の自社株の持ち分割合が低ければ、事業承継の効果があまりないということになります（発生する税負担も少なくなりますが……）。オーナー社長による自社株の持ち分割合が低いことが、経営の不安定さにつながっている場合は、後継者に事業承継したあともその状態は変わりません。

それが果たしてよいことかどうか、オーナー社長は後継者と一緒にそのことを考える必要がありそうです。

もし、「ふさわしくない」と考える場合は、後継者がオーナー社長以外の株主から株式を買い取ったり、贈与を受けたりすることも検討すべきでしょう。オーナー社長と後継者だけでなく、一定程度の自社株を所有している人にも加わってもらい、どのような姿で承継するのがふさわしいかを検討します。

贈与では納税資金対策を話し合う

オーナー社長から後継者に株式を贈与する場合、一番気がかりなのは贈与税の負担です。贈与税は受贈者である後継者が納付しますが、贈与者であるオーナー社長としても〝我関せず〟というわけにもいきません。

贈与税の納税額が高額になることが予想されるのであれば、本書でも多くのページを割いている贈与税の納税猶予制度の適用を検討してみることが大切です。適用を受けることができれば、贈与税の納税額はゼロにでき、納税の負担を心配せずに事業承継できます。

また、テクニックの部類ですが、贈与税の納税猶予制度の適用を受けるかどうかにかかわらず、**贈与する株式の評価額をできるだけ引き下げてから贈与する**という対策も検討すべき事項です。その恰好の手法が156ページで解説する、オーナー社長に役員退職金を前もって支給することです。それができれば、会社の資産額は減少し、そのぶん株式の評価額を引き下げることになります。

それでも後継者の納税負担が発生する場合は、オーナー社長が受け取った役員退職金で後継者の納税額の一部を補うということも考えられます。ただし、単純に後継者の贈与税を先代が補うというのでは、そこでまた贈与が発生し、贈与税の負担が生じることになります。どういう方法で対応するのが適しているのか、税理士などの専門家にシミュレーションしてもらうのも一法です。

なお、納税資金を確保しておく対策としては。金庫株や保険を活用する方法もあります。その詳細は161、167ページを参照してください。

また、**贈与の場合は「会社の支配権がどうなるか」についても検討・留意**しておきたいものです。株式の贈与を行えば株式という財産を受贈者が受けるとともに、原則として、その株式による会社の支配権も贈与される（移転する）ということになります。その支配権の移転をスムーズに行うという意味では、90ページや176ページに述べるように自社株の**種類株式**の移転を行ったりするほか、182ページに述べるように信託を活用して自己信託で財産権を移転していくという方法があります。

これらの対策は、いずれも一言で示すと、単純に財産権が移転する贈与を行うのではなく、財産権を留保したかたちで贈与するという方法になります。

譲渡の場合は後継者の資金調達対策を話し合う

後継者がオーナー社長から株式の譲渡を受ける場合、一般に金額が大きくなるため、その資金をどう用意するのかが問題となります。多くのケースでは、後継者が銀行から融資を受けるということになるでしょう。

ただし銀行側としては、そうした事業承継の相談があると、その内容を審査し、貸し出せるものかどうか、どの程度の融資なら可能かなどを精査・検討します。そのため、実際には、後継者が一人で株式の譲渡を受けるための資金を銀行に借りにいくということではなく、銀行の担当部署や担当者と後継者、オーナー社長が十分に話し合い、ふさわしいスキームのもとに取り組んでいくことになります。

株式の評価額よりも銀行の融資可能額が大きいのであれば、借入れだけで株式の譲渡資金をまかなうことができ、返済は後継者が事業を営んでいくなかで行うことになります。

一方、株式の評価額よりも銀行の融資可能額が小さい場合は、別の手法を用いて譲渡資金を確保しなくてはなりません。複数の銀行と相談するケースもありますが、その際によく使われる手法が、190ページで解説しているファンドを活用した株式の譲渡です。

ファンドはまったくの個人がファンドマネージャーとなって運営しているケースもありますが、個人ではなく、たとえば経営者や投資家が組織を作って融資に対応しているものもあります。また、相談した銀行の関係・系列の会社・団体が運営しているもの、銀行がその案件を事業承継に詳しい税理士法人に発注し、その税理士法人が新たにファンドを組織するようなケースもあります。

ファンドと聞くと、〝ハゲタカ〟のような買収集団をイメージする人もいますが、事業承継において金融機関や税理士としても活用しやすい手法の1つ。ぜひ、その手法が可能であれば相談してみるとよいでしょう。

留意点は外部から株式の譲渡資金を受けるのですから、何よりそのファンドマネージャーが信頼できるかどうかです。安易に任せてしまったばかりに、ふさわしくない人物が経営に介入してきたり、やりとりしていたお金を別のことに融通し、それが元でトラブルに巻き込まれたりするケースがゼロではありません。

なお、一般論ですが、**ファンドを利用する場合、銀行からの借入れよりも調達しやすいぶん、調達コストは高くなります**。これも、逆の立場で考えれば理解できるでしょう。銀行よりファンドのほうがお金を貸した先（すなわちオーナーの会社のこと）に対するリスクヘッジができないわけですから、そのぶん後継者の返済金利が高くなるということです。

2-9 中小企業の事業承継は経営承継円滑化法を活用する

事業承継に関する法律としては、中小企業の経営の承継の円滑化に関する法律（経営承継円滑化法）があります。事業承継税制の贈与税・相続税の納税猶予制度の適用は、この法律にもとづいたしくみになっています。

また、この法律の贈与に関する規定は、多くの会社の後継者難に対処する方法として活用できることが知られています。

贈与の除外合意と固定合意が認められている

経営承継円滑化法では、後継者を含めた現在の経営者の推定相続人（現状のままで、ある人に相続が発生した場合、ただちに相続人となる人）の全員の合意にもとづいて、オーナー社長が後継者に贈与した株式については、**除外合意**と**固定合意**という手法が認められています。

除外合意とは**遺留分を算定するための基礎財産から、オーナー社長が後継者に贈与した株式の額を除外すること**です。一方の固定合意とは、**「遺留分を算定する基礎財産に算入する、オーナー社長が後継者に贈与した株式の額を、合意時の時価に固定する」という合意をすること**です。図に示すと、次ページのようなイメージになります。

これらの合意を利用するには、いくつかの要件があります。まず、**合意した時点において、3年以上は事業を継続している非上場会社であること**です。加えて、**合意した時点か過去において、現在のオーナー社長がその会社の代表者であること**です。

なお、合意した時点においては、後継者が代表者であり、オーナー社長から株式の贈与を受けたことにより議決権の過半数を保有していることも要件の1つです。

手続きの流れとしては、まず推定相続人全員で除外合意もしくは固定合意について合意し、そのことを合意から1か月以内に、後継者が経済産業省の中小企業庁財務課もしくは全国9か所にある地方経済産業局に申請します。また、その申請から1か月以内に、後継者が

除外合意と固定合意のイメージ

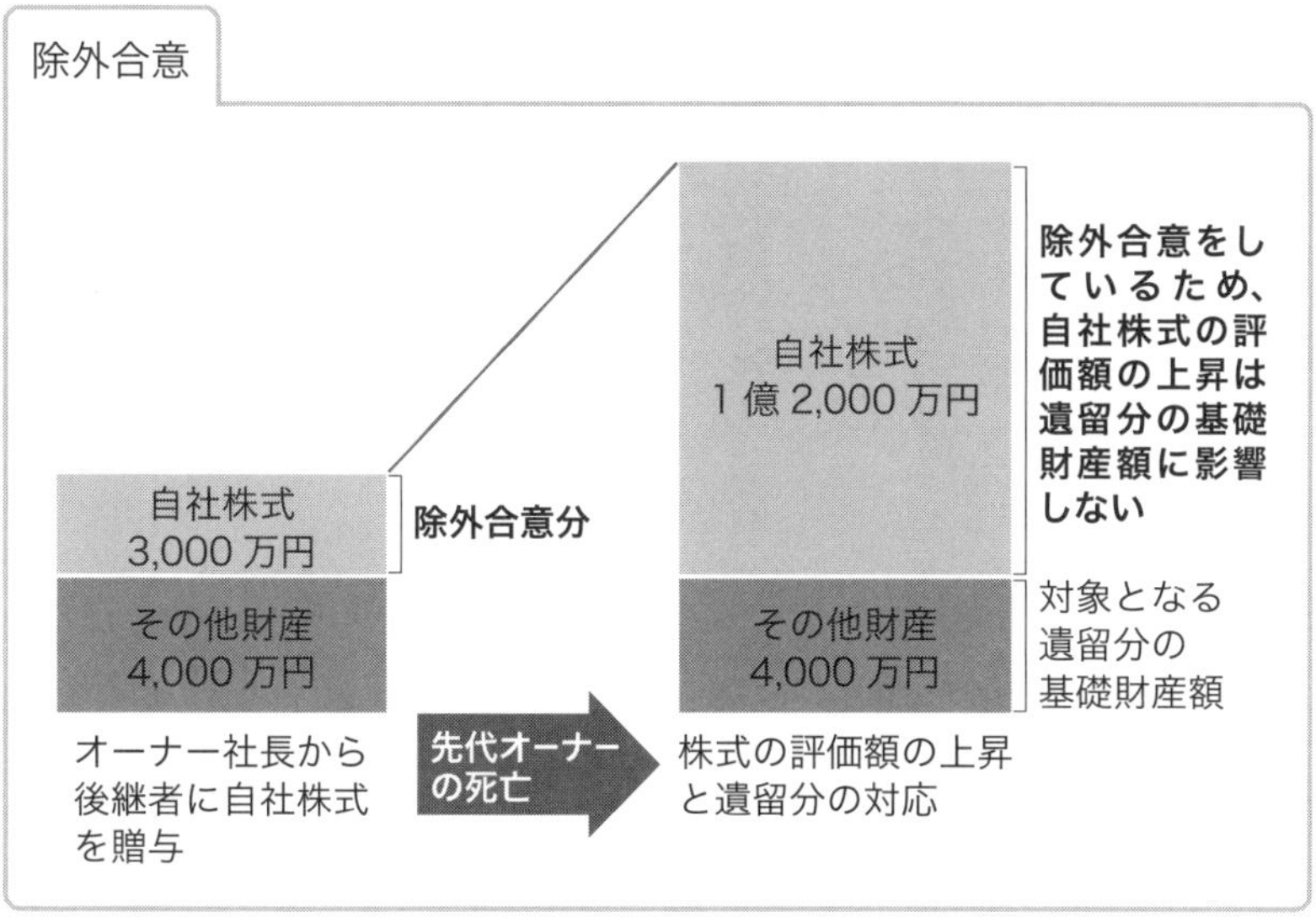

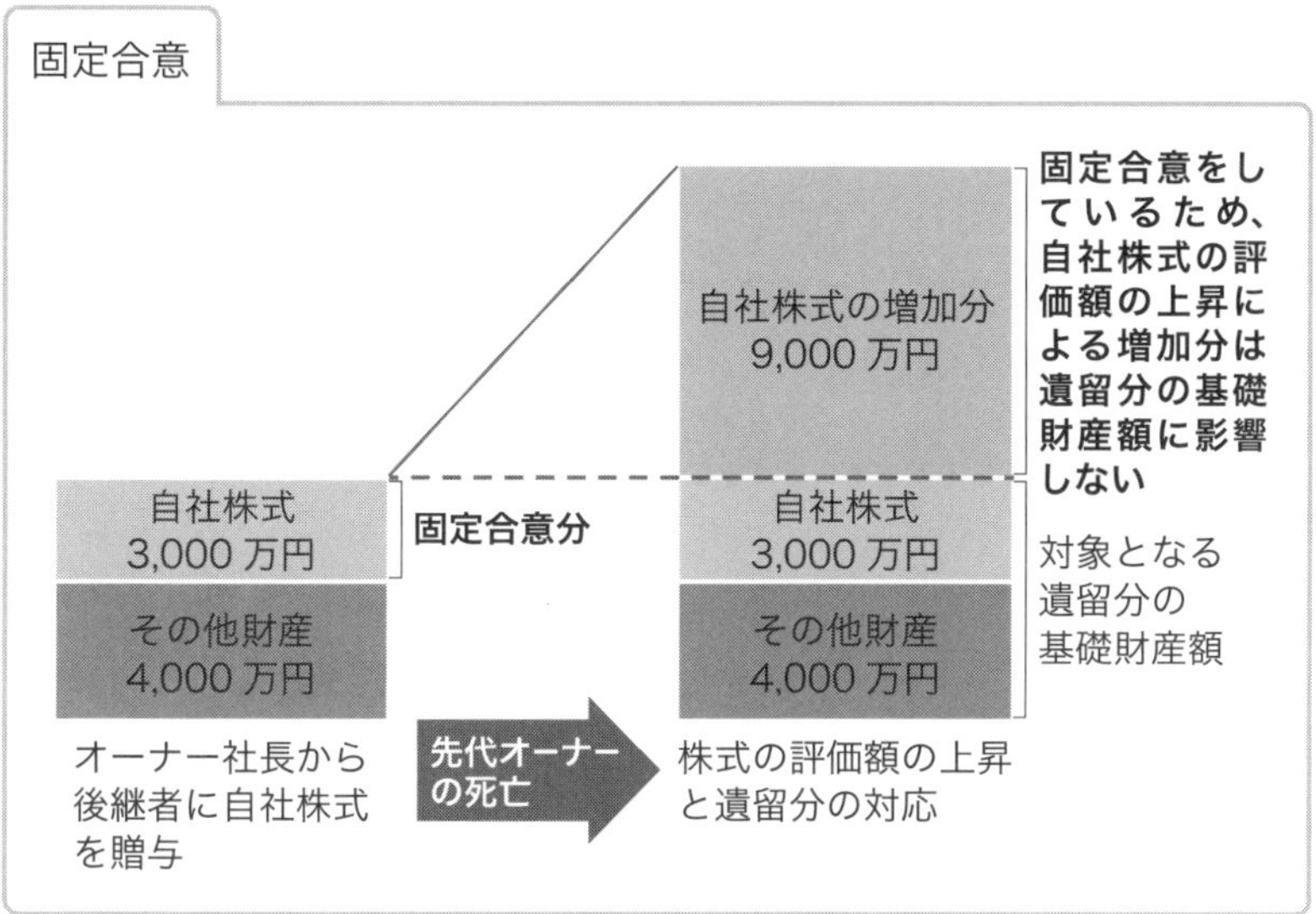

申請をしていることによる許可を家庭裁判所に申し立てます。申し立てが受理されることにより合意の効力が発生します。

合意をした時点で合意書を作成しますが、固定合意をする場合、株式の価額が適正であることを裏づける弁護士、公認会計士、税理士などの証明が必要になります。そこで、事業承継において贈与の除外合意や固定合意の必要性を感じたら、その内容や手続きの代行に関して顧問税理士などに相談してから進めるのが現実的でしょう。86〜87ページに、その合意書の例を掲げておきます。

株式の分散防止のメリットがある

除外合意も固定合意も合意の効力が発生すれば、以後、株式の相続が発生した際も遺留分に関して揉めることは少なくなるでしょう。

たとえば、後継者が贈与を受けた株式について、将来、相続が発生した時に、他の相続人が遺留分を主張するケースがあります。ところが、除外合意ができていればそれを未然に防ぐことができるわけです。そのため、後継者としては遺留分の資金流出を防ぐことができるとともに、株式が分散することを防止するメリットがあります。

固定合意のメリットも同様です。将来、相続が発生した時に他の相続人には遺留分減殺請求の権利がありますが、固定合意によって遺留分の基礎財産が固定されているため、後継者はその額に対応した資金の準備をしておけばよいことになります。

後継者としては、「自分が事業承継するために、いったいいくら他の相続人にお金を渡さなければならないのか」といった心配をしなくてもすむようになるのです。

2 BがAの生存中にY社の代表取締役を退任したときは、C及びDは、Bに対し、それぞれ○○○万円を請求できるものとする。
3 前2項のいずれかに該当したときは、CおよびDは、共同して、本件合意を解除することができる。
4 前項の規定により本件合意が解除されたときであっても、第1項または第2項の金員の請求を妨げない。

法4条1項の株式等以外の財産に関する合意
第5条 B、CおよびDは、BがAからの平成○○年○○月○○日付け贈与により取得した○○について、Aを被相続人とする相続に際し、その価額を遺留分を算定するための財産の価額に算入しないことを合意する。

衡平を図るための措置
第6条 B、CおよびDは、Aの推定相続人間の衡平を図るための措置として、次の贈与の全部について、Aを被相続人とする相続に際し、その価額を遺留分を算定するための財産の価額に算入しないことを合意する。
① CがAから平成○○年○○月○○日付け贈与により取得した現金△△万円
② DがAから平成○○年○○月○○日付け贈与により取得した下記の土地
所在 ○○番○○　宅地 ○○㎡

経済産業大臣の確認
第7条 Bは、本件合意の成立後1か月以内に、法7条所定の経済産業大臣の確認の申請をするものとする。
2 CおよびDは、前項の確認申請手続に必要な書類の収集、提出等、Bの同確認申請手続に協力するものとする。

家庭裁判所の許可
第8条 Bは、前条の経済産業大臣の確認を受けたときは、その確認を受けた日から1ヵ月以内に、第3条ないし第6条の合意につき、管轄家庭裁判所に対し、法8条所定の許可審判の申立をするものとする。
2 CおよびDは、前項の許可審判申立手続に必要な書類の収集、提出等、Bの同許可審判手続に協力するものとする。

以下の合意を証するため、本書面を作成し、各推定相続人が署名捺印する。

※中小企業経営承継円滑化法申請マニュアル「民法特例」をもとに作成

合意書の例（後継者が推定相続人であるケース）

先代オーナー社長をA、後継者で推定相続人をB、後継者ではない推定相続人をC、Dとする

旧代表者Aの遺留分を有する推定相続人であるB、CおよびDは、中小企業における経営の承継の円滑化に関する法律（以下、「法」という）に基づき、以下のとおり合意する。

目的
第1条 本件合意は、BがAからの贈与により取得したY社の株式につき遺留分の算定に係る合意等をすることにより、Y社の経営の承継の円滑化を図ることを目的とする。

確認
第2条 B、CおよびDは、次の各事項を相互に確認する。
① AがY社の代表取締役であったこと。
② B、CおよびDがいずれもAの推定相続人であり、かつ、これらの者以外にAの推定相続人が存在しないこと。
③ Bが、現在、Y社の総株主（但し、株主総会において決議をすることができる事項の全部につき議決権を行使することができない株主を除く。）の議決権○○個の過半数である○○個を保有していること。
④ Bが、現在、Y社の代表取締役であること。

除外合意、固定合意
第3条 B、CおよびDは、BがAからの平成○○年○○月○○日付け贈与により取得したY社の株式○○株について、次のとおり合意する。
① 上記○○株うち□□株について、Aを被相続人とする相続に際し、その相続開始時の価額を遺留分を算定するための財産の価額に算入しない。⇐除外合意の場合
② 上記○○株うち△△株について、Aを被相続人とする相続に際し、遺留分を算定するための財産の価額に算入すべき価額を○○○円（1株あたり△△△円。弁護士××××が相当な価額として証明をしたもの。）とする。⇐固定合意の場合

後継者以外の推定相続人がとることができる措置
第4条 Bが第3条の合意の対象とした株式を処分したときは、CおよびDは、Bに対し、それぞれが、Bが処分した株式数に○○○万円を乗じて得た金額を請求できるものとする。

➚

2-10 株式の分散防止対策を事前にとっておこう

経営承継円滑化法を活用して除外合意と固定合意をしておくことは、株式の分散防止対策の一環といえます。ここでは、その株式の分散対策の基本を紹介します。

1つは株式に譲渡制限を設ける対策で、もう1つは種類株式を活用する対策です。

株式の譲渡制限を設けるほか、売り渡し請求を定款に規定する

一般的に株式の分散を防止する場合は、株式に譲渡制限を設け、それを定款に記載する方法があります。

「当社の株式を譲渡により取得することについては、取締役会の承認を要する」

といった条項を定款に盛り込むわけです。

また、定款では、譲渡が取締役会に承認されなかった場合に買受人を指定することもできます。定款の条項としては、

「取締役会が承認をしない場合、指定買受人は○○○○とする」

という1文を盛り込みます。

譲渡制限の事項を新たに定款に盛り込む場合は、株主総会の特別決議が必要です。議決権を行使できる株主の過半数の参加により成立した株主総会で、3分の2以上での議決が必要で、株式買収請求の機会を与えるため、効力発生の20日前までに、株主に通知するか公告することが必要です。

なお、株式の譲渡制限は、**特定承継**（他人の権利を個々に承継すること）には適用できますが、相続やM&Aといった**一般承継**（他人の権利義務を「一括」して承継すること。**包括承継**ともいう）による株式の取得には適用されません。すると、譲渡制限を設けているにもかかわらず、株式が分散されてしまうケースも起こり得ます。

そういった事態を避けるため、譲渡制限株式を相続等により取得した株主に対しては、その株式を売り渡すよう請求する旨を定款で定めることもできます。

定款には、

「当会社は、相続その他の一般承継により当会社の株式を取得した者に対し、当該株式を当会社に売り渡すことを請求することができる」

といった条項を盛り込みます。

その譲渡制限株式を買い取ることによって株式の分散を防止できます。なお、売渡請求を行う場合には、株主総会の特別決議が必要です。

譲渡制限付きの株式を発行する方法もある

会社は配当のあり方や権利の内容について制限を設けたり、その制限を規定したりするさまざまな株式を発行できます。そうした配当その他の権利の内容が異なる2種類以上の株式を発行した場合、それぞれの株式を種類株式と呼んでいます。

176ページで述べる拒否権付き株式（黄金株）もその1つであり、譲渡制限のついた株式も種類株式の1つということができます。株式の発行にあたって、そのような種類株式を発行すれば、株式の分散を防止することにつながります。

株式を通じて広く第三者から資金調達をするという株式本来の主旨とは反するようにも思いますが、非上場会社の事業承継策として重要な手法です。

ところで、譲渡制限がついていない黄金株が第三者に渡るようなことがあれば、黄金株をもった第三者が後継者の意思決定を反故にできることになり、会社の意思決定に重大な影響を与えてしまいかねません。そのため、黄金株に譲渡制限や取得条項に制限を設けたり、その1代に限って発行するという条件を設けたりして発行するケースもあるようです。

また、譲渡制限と同主旨で、後継者など特定の人にだけ相続させるといった制限を設けることもできます。その場合の黄金株は、黄金株の所有者に相続が発生した時には相続財産の1つになり、特定の人が相続するという考え方になります。

そこで、その黄金株を発行した際には、**遺言（できるだけ公正証書遺言が望ましい）を作成し、その旨を明記しておくとよい**でしょう。

2-11 事業引継ぎ支援センターの活用のしかた

事業引継ぎ支援センターとは、後継者がいない中小企業や小規模事業者の事業承継について、M&Aなどの手法を活用して支援する目的で、2011年からスタートした国の事業です。独立行政法人中小企業基盤整備機構の一機関として位置づけられ、主に各県の商工会議所と連携し、いまは47都道府県すべてに設置されています。そのほか、随時、相談窓口を設置しているケースもあります（認定支援機関などについては第3章で紹介）。

3つのサービスで事業の引継ぎを支援する

各都道府県の事業引継ぎ支援センターが行っているサービスには大別して次の3つがあり

ます。

⑴無料相談で〝素朴なギモン〟に答える

たとえば、「後継者が不在だが、どうしたらよいか」といったオーナー社長の漠然とした不安から、「ウチの会社を評価するといくらくらいになるか」「M&Aでウチの事業を譲ってほしい、という人がいるが、どんな段取りで進めたらよいか」など少し具体的な質問内容など、あらゆる事業引継ぎに関する相談に対応してくれます。

⑵手続きや書類作成、士業の紹介などのアドバイス・サポート

無料相談を超えて、具体的な事業譲渡の手続きや申請書・契約書の類の作成サポート、弁護士や司法書士、公認会計士、税理士、中小企業診断士などとの連携によるサポートなどを行っています。前述した事業承継税制における贈与税・相続税の納税猶予制度にかかる認定支援機関としての対応や紹介もこのサービスの一環です。

⑶M&A仲介などのマッチング

事業引継ぎ支援センターに寄せられる事業の譲り受けニーズのなかからマッチングを行

い、引継ぎ候補先を紹介してくれます。いわゆるM&A仲介業が行っている業務の1つと考えてよいでしょう。

民間のM&A仲介業も実は得意な業種・業態・仲介先規模などには差があります。また、そうした面で、民間のM&A仲介・支援会社では取り組みにくいケースでも、弁護士や税理士などの専門家と連携し、成約に向けた支援を行っています。

そのほか、全国47都道府県の事業引継ぎ支援センターとの情報共有により、遠隔地間のマッチングにも対応できるという利点があります。

まず、遠慮なく相談に行ってみよう

こうした公的機関の利点は、利用料なども含めてまず敷居が低いこと。初めて事業承継に直面するオーナー社長、後継者がまったくいなくて困っているオーナー社長、元気だった社長が倒れ、このまま会社をたたむしかないと考えているオーナー社長の配偶者など、どんな人でも悩み・困りごとの大小にかかわらず、まずは遠慮なく相談してみることをお勧めします。

その相談があって、初めて事業引継ぎ支援センターも動いてくれます。それにより、自分の会社にとってふさわしい承継の筋道が見えてくるのです。

最寄りの事業引継ぎ支援センターが知りたい場合は、ウェブページ（http://shoukei.smrj.go.jp/consultation）にて確認できます。それぞれのセンターの統括責任者などの略歴も紹介されていますので、込み入った相談ができそうな人かどうかの確認もできます。

なお、相談だけなら無料ですが、次のような実際の対応については有料となることもあります。その点は、留意しておきましょう。

①それぞれの専門家に実際に契約書作成、株価計算、税務上のアドバイスなどの実務を依頼する場合

②実際に株価算定、条件交渉、契約書の作成などのM&Aサポート業務を依頼する場合

最近の事例で多いのは、息子・娘や親族が承継する以外の、いわゆる第三者承継といわれるタイプです。親族内はもちろんのこと、役員・従業員内でも後継者が見つからず、しかるべき第三者に事業承継するという手法が事業引継ぎ支援センターが受ける案件の全体の7割ほどになっています。

第3章

事業承継計画書の作り方と申請手続きの心得

事業承継計画の考え方、留意点とともに、事業承継計画書の書き方、適用申請の留意点についてまとめています。事業承継計画書は納税猶予制度の適用を受ける際に重要な帳票ですが、オーナー社長が承継策を自分自身で意思決定する際にも重要なツールです。

3-1 事業承継の入り口はシンプルに考える

事業承継において重要なのは、先代のオーナー社長から後継者に、継続的かつ安定的に事業が承継され、次代の経営がスムーズに実現できることです。その点からすると、「事業承継の失敗」というのは「継いだ事業が傾き、たたまざるを得なくなった」など比較的容易に判別できます。

一方「事業継続の成功」というものは「何をもって成功というのか」が人によって異なる面もあり、また、長期的な視点で考えるべきことであり、後述するようにテクニック的な手法も多岐にわたるため一概にはいえません。

そこで、事業承継を成果あるものにするために最低限大切なのは、付け焼き刃的な対応をとるのではなく、**計画性をもって周到な用意をして取り組むこと**です。計画性をもった対応であれば、たとえうまく成果が見えてこない場合でも、事業の状況を見極めつつ修正していくことが可能です。

税制への対応についても、オーナー自身や後継者にとっての損得を踏まえながら、あわてず対応していくことをお勧めします。

事業承継は、まず自分と自社の振り返りから

事業承継をどのように行っていったらよいか。まず、オーナー社長が自分だけの考えに固執せず、いろいろな人に相談してみることをお勧めします。オーナー社長であれば、最も身近な相談者は後継者に予定している人ですし、組織形態によっては自身の配偶者や株式を保有している同族関係者の場合もあります。

身近な存在として顧問税理士もいます。また、長年付き合いのある取引銀行でもよいでしょう。こうした専門家の場合は、事業承継に関して支援機関として認定を受けている場合もあります。受けていない場合はしかるべき認定支援機関を紹介してもらえるケースもあるでしょう。

特に、ここでは認定支援機関に対して相談することを前提に考えてみます。相談するにあたっては、まず、自社の経営の実態と事業承継の取り組みについて自分なりに振り返ってみることが大切です。むずかしく考えたり大仰に飾ったりする必要はありません。「自分と自分の会社を今後、どうしていきたいのか」について、次のような観点から率直に振り返ってみて、相談する内容を判断してみるのです。

振り返りの際に自分で用意しておきたいこと、もの

相談にあたって用意しておきたいものとしては、**これまでの自社を示すもの**です。会社の概要を示したもの、これまでの財務諸表、税務申告書類のほか、株主の名簿、オーナー社長によっては家系図も大事です。

これらの書類は、ただ用意して相談相手に提示すればよいというものではありません。これらの書類を用意する過程で、自社とその事業を振り返ってみることが大切なのです。どういうかたちで承継させるのが得策なのかはもちろんのこと、社員はどのように考えているのだろうか、本当に後継者に承継させるべき事業かどうかなど、冷静に第三者の目線で振り

返ってみるのです。

顧問税理士も認定支援機関も、オーナー社長に「私はどうすればいいのでしょうか」と聞かれるだけでは明快な回答を示すことができません。オーナー社長自身の考えが明快に示されてこそ、ブレないアドバイスができるのです。

また、相談にあたっては、顧問の税理士や取引銀行、またそれらから紹介を受けた認定支援機関などの相手が、相談するに足るかどうかを値踏みすることも必要です。その判断ポイントは次の2点と考えてよいでしょう。

(1)事業承継に対する支援の実績

税理士にも相続税・贈与税、事業承継税制に強いかどうかといった得意分野があり、認定支援機関にも実績の多寡のほか、どの程度、認定支援機関としての業務にウエートを置いているかといった、いわば〝力の入れ具合〟の差があります。そのようなことを初回の相談の際に確認しておきたいものです。一概にはいえませんが、特に認定支援機関に対しては、

①年間、何件くらいの事業承継案件に関わっているか

②どのような内容の案件が多いか

③内部的には、どのような体制で取り組んでいるか

④外部にどのような連携体制があるか

などを確認してみるとよいでしょう。

⑵スケジュールと料金

実際にその税理士や取引銀行、認定支援機関に対応してもらうとして、どのようなスケジュールで進めるか、また料金的にはいくらくらいになるかについても確認しておきたいものです。

国が認めている制度に則った対応でも、申請手続きなどについて無料で対応してもらえる部分と、有料になる部分があるはずです。そうしたことを明快に示してもらえるような相手先のほうが安心できるでしょう。

3-2 会社の現状を分析し、今後の方向性を確認する

自社の現状を分析する場合、一般的な経営指標に沿った定量的な経営分析を行うことも大事ですが、会社の適応力や経営力の分析を行う定性的な面にウエートを置いてみるとよいでしょう。

ちなみに銀行が中小企業の経営を定性的に判断する場合は、**外部環境**（成長市場か衰退市場か、業種的に特別な要素、競合状態、景気動向への適応度合い、会社のある地域の特性）を見極めるとともに、**内部環境**（営業基盤は磐石か、主要な取引先、業界や地域でのシェア、会社の業歴、販売力・技術力、差別化商品、組織や社内体制など）を踏まえ、**経営力**（経営理念を明確化し、社内への周知徹底、継続的な経営改善への取り組み、後継者の存在、財務諸表の質を高める努力、情報の開示、人材教育など）を判断していきます。同様の

観点から、自社の現状を確認してみることをお勧めします。

自社の事業を分析する

事業承継を機会に、会社の現状をあらためて把握しておきたいものです。**自社の強みや弱みは何か、商品やサービスなどの品質**について会社内部（社員）はどのように評価しているか、また取引先やユーザー・消費者はどのように評価しているかなどについて、オーナー社長と後継者（と考えている人など）が一緒になって確認してみるのです。

商品やサービスだけではありません。自社がもつ技術やノウハウ、さらに**人材や顧客、他社に対する優位性、将来的な収益性と成長性**といったことについても〝承継し得る〟ものかどうかを検討してみます。

中小企業のオーナー社長の場合、心のうちでは「事業・会社経営としては私の代で終わりにしよう」と思っていながらも、心の別のところで「できれば、誰かに会社を承継してもらえたら……」と思っているような人もいるはずです。今日のように先行き不透明・不安定な時代、その考えは当然ともいえます。

ただし、「事業を承継させる」とオーナー社長自身の意志を固めたならば、そのために負担の多い〝ソン〟な対応をとるべきではありません。利用できるものを利用し、より安心して事業承継できるような体制を整えておくことが大切です。そのための自社の現状分析なのです。

たとえば事業承継にともなって必要になる金融機関からの融資では、担保や保証の程度よりも、会社の事業そのものの評価（**事業性評価**）に重きを置くようになっています。その評価に答えるためにも、自社の現状分析をしっかり行っておきたいものです。

自社株式の評価によって、承継のメドを立てる

一般的な経営の定量分析と異なり、株式の評価計算によって承継のメドを立てることも重要です。一度、顧問税理士に、自社の株式の評価を行ってもらうのもよいでしょう。厳密・正確なものでなくてもかまいません。29ページに述べた自社株の評価方法を参考に、おおまかに見積もってみるだけでもよいのです。

自社の株式のおおよその評価額がわかれば、

①事業承継においては、自社の価値はいくらくらいの額（株式やその他資産の評価額）になるか

②その事業承継を実現するためには、いくらくらい資金を調達する必要があるか

③その事業承継によって生ずる税金（贈与税・相続税）がいくらくらいになるか

といったことの概算が見えてきます。漠然とはしているでしょうが、そうした資金の流れを押さえておくことが事業承継にメドをつけていくうえで重要なのです。

また、自社株の評価とあわせて株主構成に関しても確認しておきましょう。事業承継に関して、株主が皆一様にオーナー社長と同じ考えであるとは限りません。

特に株主に複数の同族関係者がいる場合、自社株の扱いで意見が食い違うと、それが親族間のメンタルなトラブルに発展することもあり得ます。具体的な対応は先としても、そうした行き違いを事前に想定しておくことも大切なのです。

オーナー社長自身の資産状況を把握する

通常の経営分析とは異なり、事業承継対策としての分析では、事業を承継させるオーナー社長の自社株以外の資産もリストアップしておきたいものです。自宅や別荘、賃貸用も含めた不動産、自動車、ゴルフ・リゾート会員権、生命保険などの資産の概算額を算出できれば、前述のように相続した場合の相続税額もより明確になるでしょう。

加えて、直接的に事業承継に関わることとは別の問題となり得ますが、オーナー社長の法定相続人が誰かということを確認しておいたほうがいいでしょう。いまや再婚・再々婚も一般的にある時代なので、かつての配偶者との間に子がいる場合、あとになって遺留分を請求してくるケースもあるからです。

3-3 後継者の想定からリスクの抽出、対策の検証までを踏まえておく

オーナー社長にとって、誰を後継者とするかは大きな問題です。これまでは長男や長女に継がせることが一般的だったのかもしれません。しかし、今日、子どものいないオーナー社長も多く、いてもそれぞれにしっかりとした仕事を持っているケースも多いため、オーナー社長の独断で後継者に事業を継がせることがむずかしくなっています。

誰を後継者とするかを早急に決めなくてもよい場合でも、その想定だけはしておくことが大切です。

特に親族内の適任者ならまだしも、他の役員や社員、社外の人を想定し得る場合、従来の承継とは異なる、より公明正大な手続きが必要にもなってきます。

リスク・課題を抽出してみよう

事業承継の手法が増えると、それにともなってリスク・課題も見えてきます。ですから、スケジュールや段取りを考える段階では、どんな対策・手法をとったとしても共通するリスク・課題を抽出しておくことが欠かせません。特に事業承継税制の納税猶予制度の適用を受けない場合は、自社株を分散させた時のリスクや概算での相続税額等に対する納税資金の用意などが課題となります。

これらはオーナー社長が自分の頭のなかだけで思いをめぐらせていても、明快な解決策は見つかりにくいもの。ぜひ、**顧問税理士など第三者のアドバイスも受けながらリスク・課題をピックアップ**しておきましょう。

後継者は誰かを決定する

具体的な事業承継計画を立て、それに沿った対策を検討していく前に、後継者を誰にするかを決めなくてはなりません。大切なのは本人の意欲とともに、その能力・適性です。何が何でも長男・長女に継がせる時代は終わりました。本人にその意欲や能力・適性があればいっこうにかまいませんが、選択肢としては長男・長女以外の子、親族内の適任者、さらに社内の役員や従業員、外部の人材も考えられます。外部の人材の場合は、これまでのように事業を丸ごと譲るのではなく、負担を減らす意図もあり、成長性の高い事業に人員を集約して売却するという方法もあります。

誰が後継者として最適かは、オーナー社長の周囲の人はさまざまなアドバイスはできても、その決定はオーナー社長の専権事項ということができます。**決めたら変えないとも言い得る覚悟が大切**です。

特例承継計画を作成し、対策を検討する

計画書の作成については124~125ページを参照し、その対策や手法の内容については126ページ以降を参照してください。

特例承継計画はいたってシンプルに、いわゆる事業承継の5W1H（いつ＝When、どこ

で＝Where、だれが＝Who、何を＝What、なぜ＝Why、どのように＝How）を明確にしていくようなイメージで立てていきます。なかでもオーナー社長自身と後継者が、いつ、何を行うかを軸としたスケジュールを明確にしておきます。

なお、前章までに述べたように、事業承継において贈与税・相続税の納税猶予の認定を受ける場合は、認定支援機関からの指導・助言を受けることが必要です。そのため、計画書の作成においても、認定支援機関からアドバイスを受けつつ作成していくことになります。

実態として、計画書は現況を正確に記入したり、業績予測を厳密に行ったりするといった類のものではなく、5年、10年といった長期的な観点から行うべきことを盛り込むため、認定支援機関としても、「ひとまず考え得る対応を記述しておき、特例の認定を受けることを優先する」ような傾向もあります。

換言すると**計画はコンパクトにまとめ、その実行に重きを置く**ということです。そのため、「もし事業承継についてお考えなら、まず計画を提出し、特例の認定を受け、実際には数年かけて認定を取り消されることのないように、後継者はしっかりと経営していく」ことが求められます。

むしろ、事業承継計画そのものより、**承継後の経営計画が重要である**といえます。

また、事業承継・対策の手法はさまざまありますが、〝どれでも使える〟という類のものではありません。自社にとってどの手法がムリなく行えるか、節税効果が高いか、といった観点から1つを選んで実行していくものです。本書に挙げた対策の手法のほかにもいくつかの手法は考えられますが、実態として利用しているケースがほとんどない、という手法もありますのでご注意ください。

たとえば、「従業員持株会や投資育成会社を活用した手法」がその1つです。手法の詳細は省きますが、実態として利用するケースはあまり多くないようです。「手法としてはあり得ますが、手間やお金がかかりますよ」。そうしたことを率直に教えてくれる税理士、認定支援機関もあるようです。オーナー社長にはぜひ、胸襟を開いて「どのような事業承継をしたいのか」を認定支援機関などとじっくり相談することをお勧めします。

事業承継計画のタイムテーブル（対策スケジュール）に沿って実行していく段階では、効果の程度・難易度によって優先順位をつけることが大切ですし、すぐ実行できること、長期的に取り組んでいくべきことなどを整理して実行していくことが大切です。

実行する対策には、従業員を初め取引先への周知・説明もあれば、後継者教育もあります。一朝一夕には進まず、また周囲の協力も必要です。オーナー社長の事業承継対策というと、オーナー社長が所有する自社株の承継のみが強調されがちですが、決して自社・オーナー社長だけで実行できることではないことにも留意しておきたいものです。

対策の実効性を検証する

事業承継のタイムテーブルでも、また特例の認定後の対応を見てもわかるように、事業承継対策は、数年かけてその実効性を確認していくことが大切です。後継者教育や事業価値の向上策など定期的に確認し、必要に応じて計画を修正していくこともあります。

なお、本書は2018年度の税制改正に対応してまとめていますが、今後、その税制がさらに改正されることがないとは限りません。基本は国も中小企業の事業承継の困難さ、重要性を踏まえ、より利用しやすい手続きになっていくとは思われますが、そのため対策の修正を迫られる可能性もあります。

1回の対応で万全とは考えず、臨機応変に税制やその他法制度、金融機関の対応など経営環境の変化を敏感にとらえ、その変化に対応していくことがオーナー社長自身と後継者には求められています。

3-4 いつ、誰に、何を、どのように渡すのかをシンプルに考える

事業承継についてむずかしく考える必要はありません。後継者がいない！　という段階で悩むオーナー社長は多いようですが、その悩みは「どうしたらよいか」という段階で悩むだけで、その先に踏み出すことにためらっているのではないでしょうか。

逡巡という言葉があります。

「決心がつかず、ためらうこと。尻ごみすること」です。事業承継に悩むオーナー社長は、まさにその状態にあるのです。

ぜひ、まずは「いつ、誰に、何を、どのように」とシンプルに考えて、第一歩を踏み出していきましょう。

「いつ」は事業承継のタイミングを考えること

事業承継の「いつ」とは、そのタイミングのことです。そのことをまったく考えずに急病などによりオーナー社長が他界し、その配偶者や別の会社に勤めている息子・娘が、オーナー社長が経営していた会社の顧問税理士にあわてて相談に行くケースもあります。実態としては、それに似たケースが多いかもしれません。

そこで、オーナー社長としては、まず元気なうちに事業承継のタイミングを決めておくべきです。足腰が立たなくなった時、でもいいのですが、できれば元気な老後を迎えられそうなうちに引き継いでおくべき。たとえば、一般的な定年年齢から年金受給開始年齢あたりを想定しつつ、オーナー社長としての身を退く時期を決めておきます。

なぜ、その必要があるのか。タイミングに合わせて最適な方法を選び、そのタイミングに向けた対応をとっていくことができるからです。

これは「どのように承継させるか」という手法に関わってきます。後述する典型的な手法に「役員退職金をオーナー社長に支給し、株式の評価額を引き下げる」というものがあります。その方法をとる場合、オーナー社長としては、いつ役員退職金をもらうのかを決めておいて、事前にその額を用意しておくことが大切になってきます。そうしたことをまったく考えないままでいると、会社にとってもオーナー社長にとっても、大きな損を被りかねません。ごく大まかにいうと、3年先、5年先くらいの自社とオーナー自身の状況を想定しながらタイミングを見計らい、**実際には10年レベルのスケジュール感を持って対応しているケース**が増えてきているようです。

「どのように」という観点では、「事業承継税制の贈与税・相続税の納税猶予の特例の適用を受けたい」と思うのであれば、2023年までの申請期間を、「5年近くもあるから大丈夫！」ではなく、「いまのうちに申請だけはしておこう！」と考えるほうが得策です。しかも、適用後の5年間の報告等の期間を考えれば、2018年から2027年まで、10年のスケジュールは想定していくことになります。

誰に承継させるか？　最適な後継者が息子・娘とは限らない

誰に承継させるかを決めておくことも大切です。オーナー社長が「10年後には息子に経営を譲りたい」といったことを暗に考えているケースも多いでしょう。実際にそう明言し、社内に公表しているケースもあります。息子ではなく娘でも同様です。

しかし、今日、後継者難といわれているのは、主に、オーナー社長に子がいないケース、子はいても別の会社で立派にビジネスをやっていて事業を継ぐ気持ちがないケース、また、会社自体が成長性に乏しくオーナー社長が事業承継の意欲をなくしているケースなどです。多くのオーナー社長は、このような場合に「はたして、どうしたものか」と考えあぐねてしまうのです。

後継者と目されている息子・娘がその気になってがんばっているのであれば問題はありませんが、考えあぐねていては活路を見いだせません。その点、昨今は事業承継の手法について息子・娘以外の後継者を想定した手法も浸透し、また、社会的な認知も広がっています。「何としても息子に継がせたい」「息子が継ぐのはイヤだといったら、事業をたたむしかない」と考えるのは〝時代遅れ〟といえるかもしれません。

後継者は息子・娘から、と決めつけるだけではなく、他の役員もいれば、従業員もいます。さらに第三者と呼ばれる他人であってもいいのです。むしろ、そのほうが心情的にもけじめがつき、後継者とその会社の成長を喜ばしく思えることもあるでしょう。

よく、地方の町村部の会社で後継者難だと、「誰も継がないから、私の代で終わりにしよう」と決めつけているケースを見かけます。

その地の1次産業、土木関係、飲食業、交通機関のほか、税理士などの士業事務所などの業種に多いようです。ところが、その地で数十年と長きにわたって事業を営んでいるということは、地場にしっかりと根づいた、地元としては欠かせない事業である証です。オーナー社長はまさに地元の名士と呼ばれることもあるでしょう。

そのような場合、当のオーナー社長は「後継者がいない」と嘆いていても、隣町・隣県で同種の事業を展開したいと思っている経営者、都会から離れたいと思っている経営者が少なからずいます。そういった経営者に事業引継ぎ支援センターやM&A仲介業者を通じて事業譲渡することも考えられます。事業を丸ごとではなく、買い取る側が望む事業を売却する方法もあるのです。後継者も承継の手法も一昔前とは異なりアレンジの幅が広がっています。それだけに事業承継を考えるオーナー社長はソンな選択はしていただきたくないのです。

移すものは「人・経営・資産」の3つと割り切る

何を承継させるのかについては、承継のテクニック面から考えると、種類株式を活用してとか、従業員持株会を作ってとか、賃貸用不動産を建てて……などと、とかく複雑に考えがちです。しかし、**割り切って考えれば、承継させるものは「人・経営・資産」の３つだけ**なのです。この点は忘れないようにしましょう。

人は社員。どのような形であれ事業承継ができなければ会社をたたむしか道はないのですから、そう割り切れば、社員に対しても事業の今後について率直に話すことができるでしょう。社員のなかには「そのまま働き続けて、給料をもらえればいい」という考えの人がいるかもしれません。しかし、「そのまま」が許されず、通用しないことは勤める会社の状況やオーナー社長の状況、また社会情勢から考えてもわかっていることです。

そのことを踏まえて事業承継への対応について率直に語りかければ、社員から納得したうえでいいアイデアが出ることもあります。個別例ですが、ある地方のオーナー社長が年輩の従業員に事業承継について語ったところ、その従業員の知人の息子がM&A仲介業者に勤めていて、トントン拍子に事業の一部を承継してもらったケースもあります。

また、オーナー経営の場合、経営と資産が一体となっているケースが一般的です。一般的にはオーナー経営は所有と経営が分離されていないこととされていますが、そのうち、所有するものは資産です。また、経営の観点からいうと、「人」も重要な資産と見ることができます。ですから、事業承継とは単に経営と資産を誰か（後継者）に譲るということ。それだけのことだと割り切って考えていくことも大切です。

その資産は原則として株式の評価額に集約され、反映されます。会社が所有する不動産も、高価・高度な設備機器やプライスレスな伝統技術、先祖代々伝わる技術や財産も会社が所有するものをすべて勘案して株式の評価額となって表れてきます。

このことを理解できれば、非上場会社の親族への承継の場合は、「できるだけ株価を引き下げて事業承継したほうが、納税猶予制度が適用されない場合でも納税額が引き下がるぶんだけ安心だ」ということも理解できるはずです。非上場会社のM＆Aの手法による第三者承継の場合「株価が高く、売却価額が高い時に売却したほうがトクな場合もある」ということも理解できるでしょう。

事業承継にはオーナー社長自身の思いも入り込み、また、さまざまな関係者の恣意も絡んできて複雑に考えてしまうケースもありますが、いたってシンプルに考えることが大切です。それが、そのオーナー社長にとって最適な事業承継につながるということを忘れないでください。

3-5 方針とプラン&スケジュールをA4で2枚にまとめる

事業承継計画書（特例承継計画）の基本様式は124〜125ページにまとめました。A4用紙2枚にわたるものですが、記入はむずかしいものではありません。

ここではその書式例とともに、サービス業の記入例を示しておきます。

これは2018年7月に、中小企業庁が事業承継の案内に紹介しているもので、要点を踏まえた書式例となっています。今後、事業承継後5年間にわたる経営計画を示す欄もあります。ただ、企業によってはその計画を変更することもあり得ます。本書では省きますが、その変更届についても様式が示されています。

1枚目は「事業承継の後継者」を明確に！

1枚目は会社について記入するほか、(1)特例代表者について、(2)特例後継者についてを記入します。記入に悩むような箇所はなく、むしろオーナー社長が後継者を初め事業承継に関係する人と話し合い、誰を後継者とするのかを明確にしていく姿勢でよいでしょう。

(1)特例代表者について

特例代表者については、この申請を行う時点における申請者の代表者（代表者であった者を含む）を記載します。

(2)特例後継者について

特例後継者については、該当する人が1人または2人の場合、後継者の氏名(2)の欄または(3)の欄は空欄としてかまいません。

事業承継を円滑に行うための対策

申請書の様式にはありませんが、事業承継では後継者と決めた人について関係者にどう理解を得ようとしているか、従業員に対しての説明や公表のほか、取引金融機関・取引先に対して説明・公表する予定、後継者に対する権限委譲のスケジュール、後継者に経営権を移したあとのオーナー自身の対応（立ち位置）などについても考えておく必要があります。

たとえば後継者教育については、後継者の社内での異動や社外の勉強会などの参加、また、〝他社修業〟の計画などが重要です。株式・財産の分配については、より具体的に検討しておいたほうがよいでしょう。相続に関わることは詳細に検討すれば後継者や親族も安心しますし、生前贈与、相続時精算課税制度などの税制のほか、後述する黄金株の活用する場合は、その方法も明確にしておくことが欠かせません。

なお、そのほか、資金調達の要否、税制・法制に照らして適格かどうかの確認などを誰に確認し、アドバイスを受けるかなどについても明確にしておきます。

(2枚目)

4 特例代表者が有する株式等を特例後継者が取得するまでの期間における経営の計画について

株式を承継する時期	年　月　～　年　月 **平成30年9月20日に相続発生**
当該時期までの経営上の課題	**相続発生後の申請となる**
当該課題への対応	**同上**

5 特例後継者が株式等を承継した後5年間の経営計画

実施時期	具体的な実施内容
1年目	**本店および出先においてサービスを維持強化し、変わらぬ営業体制をとることを周知**
2年目	**取引先別に営業網を組み替え、後継者2名体制を整備**
3年目	**営業網再編に必要な什器・備品類を整備。あわせて必要な人材の採用活動を強化**
4年目	**人材に応じた就労体制を整備し、より多様なニーズを取り込んだ新サービス(ハウスクリーニング剤等の物販)を開拓**
5年目	**従来サービスを行うとともに物販事業も軌道に乗せ、ニーズの多様化に対応**

事業承継計画書の記入例

（1 枚目）

様式第 21

施行規則第 17条第 2 項の規定による確認申請書
（特例承継計画）

XX 年 **X** 月 **X** 日

都道府県知事　殿

郵 便 番 号　**XXX-XXXX**
会 社 所 在 地　△△**県**△△**市**△
会　　社　　名　**第1産業株式会社**
電 話 番 号　XX-XXXX-XXXX
代表者の氏名　**佐藤　一郎**　　　印

中小企業における経営の承継の円滑化に関する法律施行規則第 17条第 1 項第 1 号の確認を受けたいので、下記のとおり申請します。

記

1　会社について

主たる事業内容	**ハウスクリーニング業**
資本金額又は出資の総額	**10,000,000**　円
常時使用する従業員の数	**6**　人

2 特例代表者について

特例代表者の氏名	**佐藤　一郎**
代表権の有無	□有　☑無（退任日 **30** 年 **9** 月 **20** 日）

3 特例後継者について

特例後継者の氏名（1）	**佐藤　太郎**
特例後継者の氏名（2）	**佐藤　花子**
特例後継者の氏名（3）	

3-6 承継後5年間の経営計画の実施内容を記入する

特例承継計画書の2枚目（124ページ）は、継承を行ったあとの経営計画をスケジュールに落とし込んでいきます。なお、事業承継は長期的な視点で行っていくことが大切ですが、「×年で計画する」と規定されたものではありません。オーナーが現在、高齢であるため、3年、5年のうちに承継させたいと考えれば、その考えをもとに承継計画を立て、以後5年間の経営計画を組んでいきます。

後継者の自覚を促すためにも重要

特例代表者が有する株式等を特例後継者が取得するまでの期間における経営の計画につい

ては、株式等を特例後継者が取得したあとに本申請を行う場合には、記載を省略することができます。

この特例承継計画書は、オーナー自身が事業承継計画を作るという強い意志があって初めてまとめられるものです。と同時に、そのことは後継者の自覚を促すことにもつながります。たとえば、自分が3年後に常務に、5年後に専務に、6年後に副社長、7年後に社長になるといった筋道があることを真摯にとらえれば、それぞれの時期に何ができるようになっていけばよいかなどを理解し、抽象的になりますが経営力・人間力を高めていくことにつながります。

なお、この特例継承計画書については、別紙として「認定経営革新等支援機関による所見等」を記入することも求められます。これはオーナー社長や後継者ではなく、認定支援機関が記入するもので、その指導・助言の内容をコンパクトに示すことが求められています。

3-7 補助金も有効活用して資金対策を万全に！

事業承継については、その手法によって一定の資金が必要になるケースが多々あります。その資金の用意は、銀行から融資を受けるケースが一般的ですが、一定の要件のもと、補助金を受けられるケースもあります。その代表例が、**事業承継補助金**です。詳細は中小企業庁の該当補助金のホームページ等（https://www.shokei-29hosei.jp）で確認できます（なお、これは補正予算として実施されているもので、内容は随時、更新されています）。

「事業再編・事業統合支援型」と「後継者承継支援型」がある

事業承継補助金は、事業再編・事業統合支援型と後継者承継支援型（経営者交代タイプ）

に分かれます。事業再編・事業統合支援型は事業再編、事業統合を契機として経営革新や事業転換を行う中小企業に対して、新たな取り組みに要する経費の一部を補助する制度です。

具体的な要件は次の3点のすべてを満たすことです。

①2015年4月1日以降、補助事業期間完了日（最長2018年12月31日）までの間に、事業再編・事業統合を行った、または行うこと

②取引関係や雇用によって地域に貢献する中小企業であること

③経営革新や事業転換などの新たな取り組みを行うこと

ちなみに、事業再編・事業統合支援型の補助金の上限額は、経営革新を行う場合は最大600万円、事務所の廃止や既存事業の廃止・集約をともなう場合は廃業費用として最大600万円が上乗せされます。

後継者承継支援型は事業再編、代表者の変更をともなう事業承継を契機として経営革新や事業転換を行う中小企業に対して、その新たな取り組みに要する経費の一部を補助する制度です。

具体的な要件は、事業再編・事業統合支援型と同様です。

ちなみに後継者承継支援型の補助金の上限額は、経営革新を行う場合は最大200万円。

事務所の廃止や既存事業の廃止・集約をともなう場合は廃業費用として最大300万円が上乗せされます。

2018年度の補助金については、すでに公募期間が終了し、ここに挙げたものはその補正予算にもとづいたものです。2019年度については、あらためて決定され、公表されることになります。

事業承継補助金は、前年度末に公募期間や要件に関する情報が公開となり、公募期間も短く設定されています。随時、新たに募集をかけるケースもありますので、利用を検討する場合は中小企業庁のホームページ（http://www.chusho.meti.go.jp）などをチェックして、早めに認定支援機関などに相談を行うことが大切です。

3-8 納税猶予の適用を受けるための申請手順と留意点

事業承継税制の贈与税・相続税の納税猶予制度の適用を受けるための手続きは、まず、都道府県庁と税務署、２か所への手続きが必要です。なお、贈与税の納税猶予手続きと相続税の納税猶予の手続きでは、認定申請の時期など異なる部分はありますが、基本の流れは同じです。そこで、これら手続きの流れをまとめて見ていきます。

事業承継計画は都道府県庁へ、認定後の申告は税務署へ

納税猶予を受けるための流れを示すと、１３３ページ図のようになります。順を追って見ていきましょう。

(1)事業承継計画書を策定する

特例承継計画書の雛型は124〜125ページに挙げたとおりです。それぞれの会社が自社の実情を踏まえて、明快に示していくとよいでしょう。

作成した特例承継計画は、まず認定支援機関に見てもらい、所見を記載してもらいます。認定支援機関は国の認定を受けた商工会、商工会議所、金融機関、税理士などです。2018年で税理士は約2万人が認定を受けています。顧問の税理士が支援機関として認定を受けていれば、顧問税理士に所見を書いてもらうことでOKです。

(2)贈与の実行・相続の開始と認定申請

実際に贈与を行い、また、相続が発生した場合は相続を開始します。そして、その実行のあと、認定申請を行います。申請の期限は、贈与の場合は贈与があった日の翌年1月15日まで、相続の場合は相続の開始後8か月以内です。いずれの場合も、その税目の申告に先だって申請するというイメージです。その申請にあたっては都道府県庁に特例承継計画を添付します。

なお、添付する計画書は前述の認定支援機関の所見が記載されているものとなります。

納税猶予を受けるための流れ

特例承継計画の策定

会社が作成し、認定支援機関（商工会、商工会議所、金融機関、税理士等）が所見を記載

※「承継計画」は、その会社の後継者や承継時までの経営見通し等が記載されたもの

※認定支援機関であれば、顧問税理士でも所見を記載できる

2023年3月31日まで提出可能

※2023年3月31日までに相続・贈与を行う場合、相続・贈与後に承継計画を提出することも可能

↓

贈与の実行　相続の開始

↓

都道府県庁

認定申請

贈与の翌年1月15日までに申請

相続では開始後8か月以内に申請

5か月以内までに後継者が代表に就任

承継計画を添付

↓

税務署

税務署へ申告

認定書の写しとともに、贈与税の申告書等を提出

贈与で相続時精算課税制度の適用を受ける場合には、その旨を明記

事業承継計画書の都道府県への最終的な提出期限は、納税猶予の適用制度の期限となる2023年3月末。事業承継とそのための贈与・相続を漠然と考えているオーナーは早めに特例承継計画書を作成し、いつでも都道府県に提出できるようにしておくことをお勧めします。

なお、その提出期限までに贈与や相続を行った場合、その贈与や相続のあとに特例承継計画を都道府県に提出することもできます。

(3)税務署への申告

都道府県知事の認定を受けたら、その認定書の写しとともに、贈与税・相続税の申告書を税務署に提出します。なお、贈与税において、相続時精算課税制度の適用を受ける場合は、その旨もあわせて届け出ます。

3-9 贈与税・相続税の納税猶予適用後にすべきこと

次に贈与税・相続税の申告後の流れです（137ページ図参照）。手続きは申請・認可の手続きと同様に、都道府県庁と税務署の両方に行います。

都道府県庁には年次報告書を、税務署には継続届出書を

納税猶予制度の適用後、5年間はしっかりと都道府県、税務署にチェックされると理解しておいてください。都道府県庁には年次報告書を、税務署へ継続届出書をいずれも年1回、提出します。

そして、5年経過したあとは都道府県庁と税務署に実績報告を行います。その5年間につ

いては、納税猶予制度の重要な要件の1つ「雇用要件」があります。5年間の平均従業員数を申請時の8割未満に減らすほど事業規模を縮小し、何の対応もとらないままだと、「承継して事業を継続させるだけの実績や意欲がない」と判断され、納税猶予の適用を取り消されてしまうこともあり得るのです。

従業員数がその基準を満たせなかった場合は、その理由を記載し、認定支援機関が確認します。また、その理由が経営状況の悪化である場合などには認定支援機関から指導・助言を受けます。実際には8割未満になっても、認定支援機関が確認し、指導・助言を受ければ納税猶予は継続されますが、法令上は「雇用の8割要件」がまったくなくなったわけではありません。

なお、6年目以降は3年に1回、贈与税・相続税ともに、税務署に継続届出書を提出します。書式例を138ページに挙げておきます。

この継続届出書を提出遅れや不提出があった場合、特例制度の適用を取り消されてしまう（納税の猶予にかかる期限が確定する）可能性があるので注意しましょう。

贈与税・相続税の申告後の流れ

税務署

都道府県庁

申告期限後 ５年間	都道府県庁へ「年次報告書」を提出（年１回） 税務署へ「継続届出書」を提出（年１回）
５年経過後 実績報告	雇用が５年平均８割を下回った場合には、満たせなかった理由を記載し、認定支援機関が確認。その理由が、経営状況の悪化である場合等には認定支援機関から指導・助言を受ける
６年目以降	税務署へ「継続届出書」を提出（３年に１回）

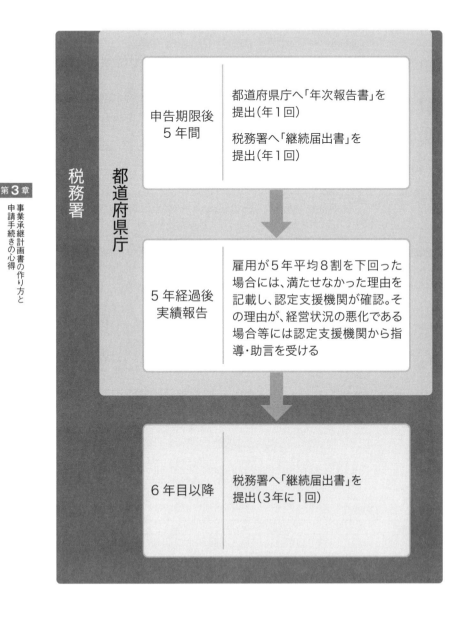

贈与税・相続税の納税猶予の継続届出書

相続税の例

非上場株式等についての 贈与税／相続税 の納税猶予の継続届出書（一般措置）

税務署受付印

＿＿＿＿＿税務署長

平成××年×月×日

届出者 住所 〒113-×××× 東京都文京区×××

氏名 山田 太郎 印

（電話番号 03 -××××-××××）

※欄は記入しないでください。

租税特別措置法 第70条の7第1項／第70条の7の2第1項／第70条の7の4第1項 の規定による 贈与税／相続税（○） の納税の猶予を引き続いて受けたいので、次に掲げる税額等について確認し、同条 第9項／第10項／第8項 の規定により関係書類を添付して届け出ます。

非上場株式等の 贈与を受けた／相続（遺贈）があった 年月日			平成 30年 9月 20日	
贈与者／被相続人	住所	東京都文京区×××	氏名	山田 太郎

この届出書は、認定（贈与・相続）承継会社、贈与者ごとに作成してください。

1 経営（贈与・相続）報告基準日（以下「報告基準日」といいます。） 平成 30 年 9 月 20 日

2 1の報告基準日における猶予中 贈与税／相続税（○） 額 100,000,000 円

3 1の報告基準日において有する対象（受贈・相続）非上場株式等（以下「**非上場株式等**」といいます。）の数又は金額 △△△ 株（口（○）・円）

【非上場株式等の内訳等】※ 記載に当たっては、裏面の記載方法等の「2」をご覧ください。

	贈与年月日	贈与者の氏名	贈与者の住所	左記の贈与者が贈与した株式等の数又は金額
イ	30・9・20	山田 太郎	東京都文京区×××	△△△ 株（口（○）・円）
ロ	・ ・			株（口・円）

4 認定（贈与・相続）承継会社の名称 山田産業

5 1の報告基準日の直前の経営（贈与・相続）報告基準日の翌日から当該報告基準日までの間に、経営承継者につき納税の猶予に係る期限が到来した猶予中贈与税・相続税額がある場合又は再計算免除贈与税・相続税額の通知があった場合には、その明細を「納税の猶予に係る期限が到来した猶予中贈与税・相続税額又は再計算免除贈与税・相続税額の明細書（一般措置）」に記載の上、この届出書に添付して提出してください。

【 添付書類 】 認定（贈与・相続）承継会社に係る報告基準日における次に掲げる書類

① 定款の写し
② 登記事項証明書（報告基準日以後に作成されたものに限ります。）
③ 株主名簿の写しその他の書類で認定（贈与・相続）承継会社の株主又は社員の氏名又は名称及び住所又は所在地並びにこれらの者が有する認定（贈与・相続）承継会社の株式等に係る議決権の数が確認できる書類（認定（贈与・相続）承継会社が証明したものに限ります。）
④ 報告基準日の直前の経営（贈与・相続）報告基準日の翌日から報告基準日までの間に終了する各事業年度の認定（贈与・相続）承継会社の貸借対照表及び損益計算書
⑤ 中小企業における経営の承継の円滑化に関する法律施行規則第12条第2項（同条第14項において準用する場合を含みます。）又は同条第4項（同条第15項において準用する場合を含みます。）の報告書の写し及び当該報告書に係る同条第31項の確認書の写し
⑥ 報告基準日の直前の経営（贈与・相続）報告基準日（最初の経営（贈与・相続）報告基準日の場合は、贈与税・相続税の申告書の提出期限）の翌日から報告基準日までの間に会社分割又は組織変更があった場合には、会社分割に係る吸収分割契約書若しくは新設分割計画書の写し又は組織変更に係る組織変更計画書の写し
⑦ 報告基準日の直前の経営（贈与・相続）報告基準日の翌日から報告基準日までの間に合併又は株式交換等があった場合には、裏面の4に掲げる書類

（注） 報告基準日が最初の「非上場株式等についての贈与税・相続税の納税猶予及び免除」の適用に係る贈与税又は相続税の申告書の提出期限の翌日以後5年を経過する日のいずれか早い日以前である場合には②及び④の書類、当該いずれか早い日の翌日以後である場合は⑤の書類の提出は必要ありません。

関与税理士	山田 一郎	電話番号	03-××××-××××

※	通信日付印の年月日	確認印	入力	確認	納税猶予番号
	年 月 日				

（資12②−13−A4統一）（平30.6）

第4章

先を見通した事業承継で、会計に強い会社を作る!

事業承継について検討し、贈与税・相続税の納税猶予の適用などの対策を実行していけば、会計に強い、よい会社となります。直接的な節税メリットにとどまらず、後継者も先を見通した“数字に強い”経営を推進できるのです。

4-1

事業承継税制の適用申請は「強い会社」になるためのパスポート

事業承継はどのような会社でも長く続けていれば必ず直面する課題です。その事業承継において、贈与税・相続税の納税猶予制度の適用を受けること自体は、それほどむずかしいことではありません。事業承継に詳しい専門家には、「必ず直面するといっていい課題なので、特に年輩のオーナー社長はとりあえず適用申請を出しておくくらいの気持ちで取り組んでみることも大事」と語る人もいます。

国・中小企業庁・金融・税務当局側も、できるだけ使い勝手のよいしくみで事業承継における資金調達や納税の負担を軽減しようと考えています。承継できないことを理由に、長く続けられるはずの事業をたたむのは、国の生産力の維持向上の観点からも得策ではない、と考えているのです。

廃業や清算にともなって雇用が維持できない状況に追い込まれれば、国の生産力に大きなダメージを与えます。特に地方に行けば、老舗の中小企業が後継者難で廃業すると、地域経済が成り立たないような状況を招きかねないのです。

しかし、**この事業承継のターニングポイントを乗り越えた会社は、必ずといってよいほど「強い会社」になることができます。**自他ともに永続することを認め得る会社になることができるのです。

会計目線での「強い会社」になる

第1章から第3章までの事業承継の考え方、対策や留意点、その手続き、また、メインの対策となる事業承継税制の贈与税・相続税の納税猶予制度の適用申請のあり方・手続きなどを振り返ってみてください。

たとえば、税務は贈与税・相続税はもちろんのこと、法人・個人の譲渡益に関わる税金など多岐にわたることを理解して進めていくことになります。もちろん、その税務に関わる財産評価の部分の理解も欠かせません。

財務も大きな額の資金調達が必要になるケースも多く、銀行交渉の重要さも理解していく必要があります。後継者が息子や娘ではなく第三者となれば、事業譲渡や売却、いわゆるファンドやM&Aの知識なども身についていきます。

そして、それらの事業承継の対応はオーナーが自分1人で完了できることではありません。後継者はもちろんのこと、さまざまな関係者・専門家のアドバイスを受けながら取り組んでいくことです。

しかも、それらは付け焼き刃的な対応では十分な成果が得られず、時間をかけてじっくりと取り組んでいくことです。

自社の経営そのものはオーナー社長であるあなたにしかできません。しかし、その事業承継対策については、多くの人の会計・財務・税務などの知恵や力、アドバイスに耳を傾けながら進めていくのです。そのことが「会計目線で強い会社になる」ことにつながるのです。

4-2 自社株の評価に強くなれば、会社の数字にも強くなれる！

会社には理念や哲学、顧客や人脈、技術やノウハウ、経験や実績など、お金では簡単に表すことができないさまざまな財産があります。しかし、それらは会社の収益の根幹をなすものです。そして、それらの財産をどのように承継していくかはオーナー社長の〝専権的事項〟ということもできます。どんな人がアドバイスしても、決めるのはオーナー社長自身であり、そのことに責任を持つのはオーナー社長と後継者の資質にかかっています。

また、これらの資質は**会計目線で強い会社になる**という観点とは質の異なる話です。では、会計目線で強い会社とはどのようなことか。あえて定義すれば、**会社と会社の将来の数字に明るく、損な選択はしないこと・させないことができる会社**ということになるでしょう。変化に対応できる〝機を見るに敏〟な会社・経営と呼んでもいいかもしれません。

オーナー社長にとっても後継者にとっても、従業員にとっても、さらに取引先や関係者にとっても、それが最も〝よい会社〟といえるのではないでしょうか。

事業承継においては、贈与税・相続税の納税猶予制度が適用できれば、その適用にまつわる会計税務の知恵が身につきます。その時は、自社株の評価額が上がってもよい、むしろ、そのことにより自社のバリューを高めることの大切さも感じるでしょう。ところが、納税猶予制度を使わずに対応するとなると、結局のところ「株式の評価が低い段階で計画的にタイミングよく承継していくこと」に尽きます。それも会計目線で強い会社になるということにつながります。そのためには、次のような事項に留意することが大切です。

年度決算の際には株式の評価を必ず行う

非上場会社の自社株式の評価方法については29ページをご参照ください。自分で実際に計算するのがむずかしい場合は、決算に際して料金を追加すれば顧問税理士が対応してくれるケースもあります。

事業承継に関してあまり深く考えていない時は、自社の株式の評価額が上がることを喜ばしく思うオーナー社長もいるでしょう。それも間違いではありません。

しかし、評価額はあくまで評価額。いま、その時の経営の実態を厳密に反映したものであるとか、上場会社のようにそのことでより多くの資金を株式市場から調達できるわけではありません。**非上場会社のオーナー社長にとっては自社株の評価が上がり続けることは、それだけ事業承継がむずかしくなる**（お金が必要になったり、納税額が高くなったりする）ということなのです。

そういった状態を見極めていくことも、会計目線で強い会社になるためには欠かせないことです。

株式の評価が下がるタイミングを見逃さない

非上場会社の株式は上場会社の株式とは異なり、市場が株価を決めるわけではありません。もちろん、市場の株価の動向に引きずられる面はあり、また業績が厳しくなると株式の評価額は下がるものですが、オーナー社長の経営判断により意図的に引き下げることもできるのです。

それはたとえば、次のような経営判断を行った時です。

⑴役員退職金を支給して、特別損失を出した

損失は業績面での損失ということですが、あわせて資産の額を減少させる効果もあります。それが、自社株の評価を引き下げるのです。

⑵含み損があるような不動産を処分・売却して特別損失を出した

⑴と同様に特別損失を出すケースです。このほか、「付録」で述べるの手法4（172ページ）のように、保有している土地に建物を建築したり新たに土地を購入したりした場合も、建築・購入から3年が経過すれば資産の額を減少させる効果が出てきます。特に、賃貸用不動産を建てれば、相続税の額を計算する際の財産の評価額を引き下げ、株式の評価額を大きく引き下げる効果もあります。

⑶自社の身の丈から考えて大掛かりな、軌道に乗るまで数年がかかりの新規事業を始めた

大掛かりな新規事業と同様に、たとえばM＆Aによって事業や会社を買収した場合には資

産の額を減少させる効果が出る場合があります。

(4)中小企業経営強化税制の適用を受け、即時償却した

中小企業経営強化税制とは、中小企業の設備投資やサービス業などの生産性の向上をあと押しするために、従来の中小企業投資促進税制の上乗せ措置部分が改組・拡充された制度で、2019年3月末までの時限措置です。この適用を受け、大きな設備投資を行い、それを即時償却すれば、業績上は大きな損失が発生します。

具体的にいくらくらいの株式の評価額の引き下げ効果があるかは細かくシミュレーションする必要があります。オーナー社長としては、このような手法を踏まえつつ、あえて株式の評価を引き下げて、そのタイミングを逃さずに承継することが大切でもあるのです。

4-3 免除が前提の税制と勘違いすると大きな禍根も!?

事業承継税制の贈与税・相続税の納税猶予制度は、文字どおり、とかく大きな額になりがちな事業承継にかかる贈与税・相続税の納税を猶予する制度です。猶予の内容としては、2018年度からは贈与税に加えて相続税も納税額の全額が猶予されることになりました。

この全額が猶予されるということを「免除」と勘違いするオーナー社長もいます。しかし、全額の猶予であっても免除ではありません。この点は留意したいものです。

後継者の次の代への対応で生じる大きなリスク

事業承継の納税猶予制度について、典型的な相続税の猶予で考えてみましょう。オーナー

納税の猶予と免税の違い

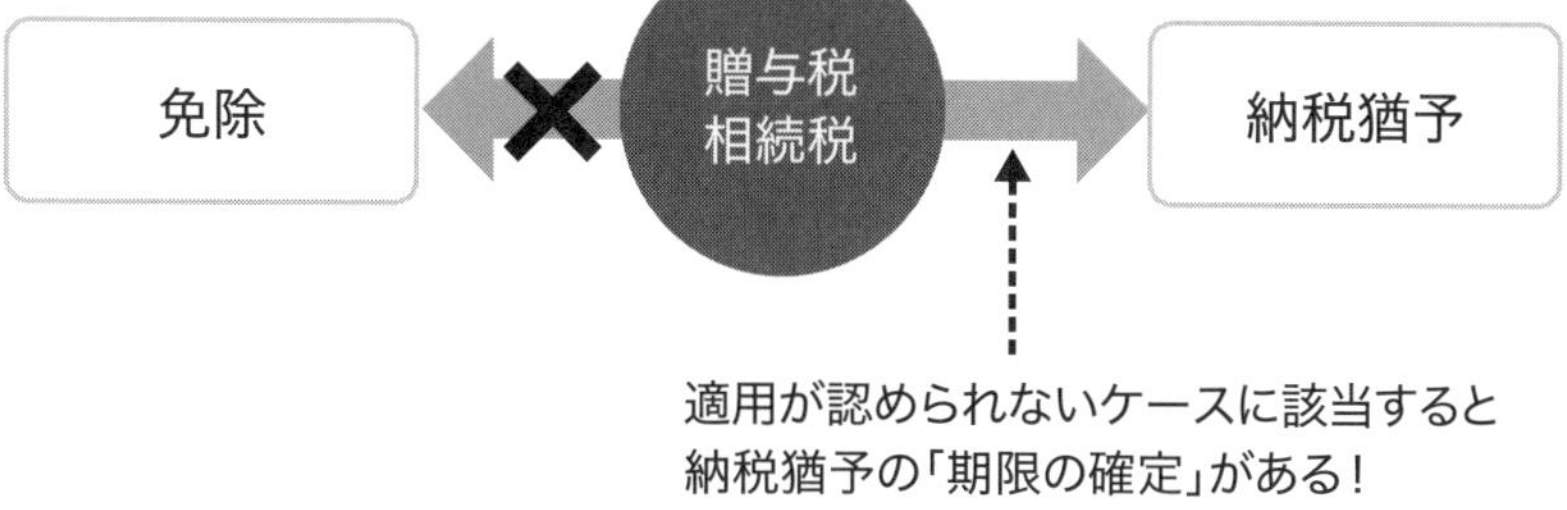

社長の相続にともなって後継者に事業承継が行われ、その後継者が納付すべき相続税額が猶予されるケースです。

この制度の認定適用を受ければ後継者の相続税の納税は猶予されますが、その次の後継者（ここでは3代目と称することとします）がいないということも想定できます。その時後継者が、3代目が不在であるため廃業したりM&Aで株式譲渡を行ったりすると、前述した納税猶予の「期限の確定」により、適用が取り消されてしまうことになってしまいます。すなわち、事業をたたんだりM&Aで株式譲渡を行ったりした後継者は猶予されていた税額を納付しなければならないことになるのです。

もちろん、廃業や株式譲渡の原因が3年のうち2年が赤字といった業績の悪化によるものであるような場合であれば、一定の減免措置はあります。しかし、そうではない廃業や株式譲渡の場合は、猶予されていた額と猶予期間にかかる利子税を含めて全額を納付しなければなりません。

「納税猶予の適用を受けた場合は、オーナー社長や後継者は独断で事業の存続に関わるような対応はしないでください」といわれるのは、このためです。今後、税制の改正によってこうした規則が変更される可能性はありますが、現行制度ではそのような大きなリスクがあります。そのため、**後継者は猶予を免除だなどととらえることなく、事業を維持成長させるという堅い覚悟を持って事業を承継しなければなりません。**

特に、株式の評価額が高い状態の時に贈与・相続があると、当然ながら想定される贈与税・相続税の額が高くなります。そのため、認定が取り消された場合の納税負担も重くなる可能性もあります。その点も、留意しておきたいところです。

4-4 事業承継は「経営のお荷物」を一掃する絶好のチャンスだ！

事業承継に関して、ただひたすら「いまの状態のままで誰かが継いでくれたら……」と思っているオーナー社長はいないはずです。オーナー社長は事業承継にあたって、不採算事業や成長性の見込みにくい事業を整理して、後継者に託すことが求められます。それは、オーナー社長にとっては、まさに「経営のお荷物」を一掃する絶好のチャンスということができます。

会社の負の資産を一掃しておく

どのような会社でも長年、事業を続けていればいろいろな設備投資を行い、資産を購入し、新しい事業やサービスにも取り組んできたはずです。そして、そのなかには自社の経営基盤の根幹をなす事業として成長したものもあれば、衰退し、不良資産・不採算事業になってしまったものもあります。

もちろん直接的には、設備のなかには、かつては役に立っていたものの、使わなくなってしまい、価値としては無に等しいものもあるのではないでしょうか。

第3章の自社の分析でも少し触れましたが、事業承継はそうした負の資産を一掃するチャンスということもできます。そこで、オーナー社長は承継すべきモノ・コトを考えるだけでなく、そうした**「承継すべきではないモノ・コト」をリストアップし、重荷となっていたものをきれいに一掃することも重要**なのです。

〝重荷〟である部分を整理し、後継者に託す

オーナー社長にとって自社の経営が重荷であり、その重荷から解放されることが事業承継であるというつもりはありません。しかし、どの段階かでオーナー社長という立場から身を退くことは欠かせないのです。

その時、オーナー社長も後継者も、重荷を渡し渡されただけと思うのではなく、事業はこうあらねばならないといった固定観念から解放され、事業承継を「互いに快適な生活と人生を手に入れることができる手段」と位置づけてもいいのではないでしょうか。その時、オーナー社長には、今後、入ってくる要らないモノ・コトを事前に断つようなアドバイスを後継者にしていくことも重要になります。

先行き不透明な時代が続きます。だからこそ、後継者には、固定観念から解放され、真に後継者自身にとってふさわしい経営をめざしていくことが求められています。

付録

納税猶予制度を使わない時の事業継承10の手法

事業承継税制の適用認定を受けない場合でも、贈与税・相続税の節税効果、経営権の分散の予防効果などを発揮する、さまざまな事業承継策があります。その典型的な手法と留意点について、付録としてまとめました。

手法

1

役員退職金を活用して自社株の評価額を下げる

オーナー社長の身内に後継者がいる場合、オーナー社長に支給する役員退職金を活用して自社株の評価額を引き下げ、その株式を後継者に贈与もしくは譲渡すれば、ただ単に自社株を贈与もしくは譲渡するより株式を円滑に承継させることができます。後継者にとっては、評価の下がった株式を引き受けることで、納税負担を軽減できるとともに、先代に退職金を支給すれば、後継者が次代を担うという自覚も高まります。

退職金を支給した翌年度の終了までに、評価額の下がった株式を後継者に移す

オーナー社長の所有する株式を後継者に贈与するケースで考えてみましょう。基本のしく

みはいたってシンプルです。

まず、オーナー社長の退任時に、一定の基準で算出した退職金をオーナー社長に支給します。すると、その企業の現金資産は減少し、費用の額は増えますから、その額をもとに計算した株式評価額も下がります。内部留保金を取り崩して退職金という現金を支出すれば、株価の純資産価額が下がり、また退職金という大きな額の費用を計上すれば、類似業種比準価額が下がります。

そのうえで後継者に株式を承継させ、後継者として企業を引き継げば円滑に承継させることができます。

具体的には、株式の評価額が引き下がる効果があるのは、オーナー社長に役員退職金を支給した年度が終了して翌年度までの間だけです。そこで、その翌年度が終了するまでの間に後継者に株式を贈与します。そのことにより後継者は税負担を軽減して株式の贈与を受けることになるのです。

この手法は**退職所得の税負担が少なくてすむため、オーナー社長は退職金の受給額の多くを自分の手元に残せるという利点があります**。退職所得にかかる税額は「(退職金受給額－退職所得控除額)×1／2×税率」で算出できます。この1／2は役員の任期が5年超であることが要件ですから、オーナー社長としての経歴が5年超の人ほど税額を低く抑えることができ、多くのお金を手元に残すことができます。

ただし、会社がオーナー社長に退職金を支給するには、それなりの原資が必要です。内部留保金だけでは不足が生じるケースもあるでしょう。そこで、事前に保険や共済などを活用して退職金原資を積み立てたり、場合によっては金融機関から融資を受けたりすることも考慮しなければなりません。税負担の引き下げ効果を享受するには、享受し得るだけの資金調達のメドをつけておくことも大切です。

なお、その資金が十分に用意できないため、オーナー社長への退職金を未払計上しているケースがあります。そうなると、確実に損金に計上できるとはいえません。ですから、一括して確実に支給しておくべきです。

退職金を相続税の納税資金に活かす

役員退職金を活用した事業承継対策では、何より退職金という大きな金額をオーナー社長の手元に残すことができるため、そのお金を有効活用できます。将来、発生するかもしれない相続税の納税資金対策に活かすこともできます。

また、オーナーが退職金を受け取るという行為は、自分自身にも取引先などの外部にも、〝ケジメ〟がつきやすいということができます。オーナー社長自身としては経営の第一線から退くという気持ちの整理をつけやすく、また、対外的には株式の移動によって後継者に経営が移ったことを明確に示しやすいのです。

過大退職金の判定に注意

一方、役員退職金を活用した事業承継対策にはデメリットもあります。まず、退職金という一定額の資金が必要であることです。資金不足の会社では、保険の活用や借入れなどの資金調達方法を検討しておくことも大切です。

また、前述のとおり、役員退職金の支給によって株式の評価額が下がるのは、事業が順調であればせいぜい支給した年度とその翌年度だけです。その期間にすみやかに株式を後継者に移しておかないと、効果がなくなります。その点からも、**退職金を受給したオーナーはみずからにケジメをつけて経営の一線から身を退く覚悟が求められます。**

役員退職金の一般的な算定方法

功績倍率による計算	最終報酬月額 × 功績倍率 （功労加算をするケースもある）
１年あたりの平均額から計算	その会社に似た法人の一般的な１年あたり平均退職金金額 × 在任年数
役位別の定額法	役位別の定額 × 役位別の在任年数

計算の方法が厳密に法定されたものではないため、
役員退職金規程などできちんと定めておくことが大切

なお、著しく高額な役員退職金が過大であると判断されれば、その部分は会社の損金に算入できないおそれがあります。役員退職金は一般的に、上図の３つの算出方法のいずれかによります。過大であるかどうかは明確な金額・基準として示せるものではなく、業務への関わり、退職にいたった事情、同業・同規模他社の支給状況などを勘案して判断されます。

会社として、オーナー社長への退職金が過大であると判断されないようにするには、事前に役員退職金の規程を作っておいたり、その退職金額を決めた経緯を議事録として残しておいたりすることも欠かせません。

手法

2

金庫株を活用して望まない株式移転を阻止

金庫株とは、会社が発行した自社株を会社が買い戻して保有している株式のこと。勘定科目は「自己株式」です。以前は自社株の買い戻しは自由にできず、金庫株の活用は一定の目的に限定されていました。

ところが、2001年の商法改正以降は取得の目的・時期・回数に制限がなく、自由に買い戻して保有できるようになりました。ですから、非上場の会社にとっては、自社の株式と同義であると考えてよいでしょう。

金庫株を活用した事業承継策は、身内に後継者がいて、その後継者が会社の株式の贈与を受けることを希望し、相続税などの納税資金を確保しておきたい場合などに有効です。

2つのケースで承継策を考える

金庫株を使った事業承継策について、⑴オーナー社長が100％自社株を所有しているケース、⑵少数株主がいるケース、2つのケースに分けて考えてみましょう。

⑴オーナー社長が100％自社株を所有しているケース

①オーナー社長に相続が発生した時、後継者に全株式を相続させる

まず現状、オーナー社長が所有する自社の全株式を後継者に相続させます。

②株式の移転にともなう納税資金を金庫株によって調達する

株式を後継者が相続すれば、多くの場合、後継者の課税財産が高額になり、相続税の納税義務が発生します。贈与すれば贈与税がかかり、相続時に後継者が相続すれば相続税の納税義務が後継者に発生するわけです。

この時、後継者は納税相当額を自社から借入れるか、自社は後継者がオーナー社長から相続した株式の一部を金庫株として買い取るようにします。もし、自社の用意した額だけでは金庫株の買い取りに不足すれば、会社として金融機関等から必要額を借入れるようにします。

後継者としては、その金庫株の活用で用意できた資金をもとに納税します。

⑵少数株主がいるケース

①少数株主が亡くなると、その相続人が少数株主に

たとえば、オーナー社長が80％の株式を所有し、少数株主が20％の株式を所有する会社があるとします。その少数株主が亡くなると、オーナー社長の株式は80％、少数株主の相続人（複数人になるケースもある）の株式が20％となります。

②オーナー社長が少数株主の相続人から株式を買い取る

その時、オーナー社長としては少数株主の相続人から、金庫株として自社の株式を買い取ります。少数株主の相続人としては株式を売却し、使途の自由な現金を得ることになります。もし、少数株主の相続人から株式を買い取る資金に不足があれば、会社として金融機関から借入れを起こすようにします。

この手法により、少数株主に相続が発生した場合に、自社にとって好ましくない株主に株式が渡るようなことも未然に防ぐことができます。

株式譲渡益課税の適用を受けられることも!

(1)の手法による金庫株を活用した事業承継では、後継者にとって、換金性の乏しい非上場株式をお金に換えることができるので、贈与税や相続税の納税資金を確保できることが大きな利点です。また、譲渡の時期によりますが、**後継者が相続によって取得した自社株式を金庫株として自社に譲渡した際に、株式譲渡益課税の適用を受けることも可能**です。

株式譲渡益課税とは、たとえば、相続税を課税された後継者が、相続によって取得した自社株式を、相続を開始した日の翌日から相続税の申告期限の翌日以後3年を経過する日までの間に金庫株として会社に譲渡した場合に、その所得に対して適用される課税制度です。

通常、このような株式の移転の場合、原則的には後述するみなし配当課税が適用されますが、それに比べて株式譲渡益課税では税負担は軽減されるわけです。

また、相続によって取得した株式(その他の財産を含む)を一定期間のうちに譲渡した場合は、**取得費加算の特例が適用されるケースもあります**。取得費加算の特例とは、譲渡所得の計算において、相続税額のうちの一定金額を譲渡資産の取得費に加算できる(譲渡された資産の額から控除できる）という制度です。この特例の適用により、譲渡にともなう納税負担を抑えることができます。

なお、会社が金庫株による株式を取得する場合は原則として株主総会の決議が必要です。そのため、分配可能な額を超えるような買い取りはできず、他の株主に買い取りの事実やその内容が知られてしまうため、他の株主からも金庫株での買い取りを要求される可能性があることに留意しておきたいものです。

(2)の少数株主の相続人から株式を金庫株として買い取る手法では、前述のように、もともと株式を所有していた少数株主はともかく、その相続人が皆、株主としてふさわしいかどうかは一概にいえません。そのため、好ましくない人が株主になるのを防ぐ効果があります。ただし、その場合は、会社と相続人との間で株式の買い取り価格について合意が得られないこともあり得ます。この点も留意しておくことが大切です。

みなし配当課税に注意！

原則として、所有する自社株式を金庫株として会社に譲渡した株主には、「みなし配当課

みなし配当課税のイメージ

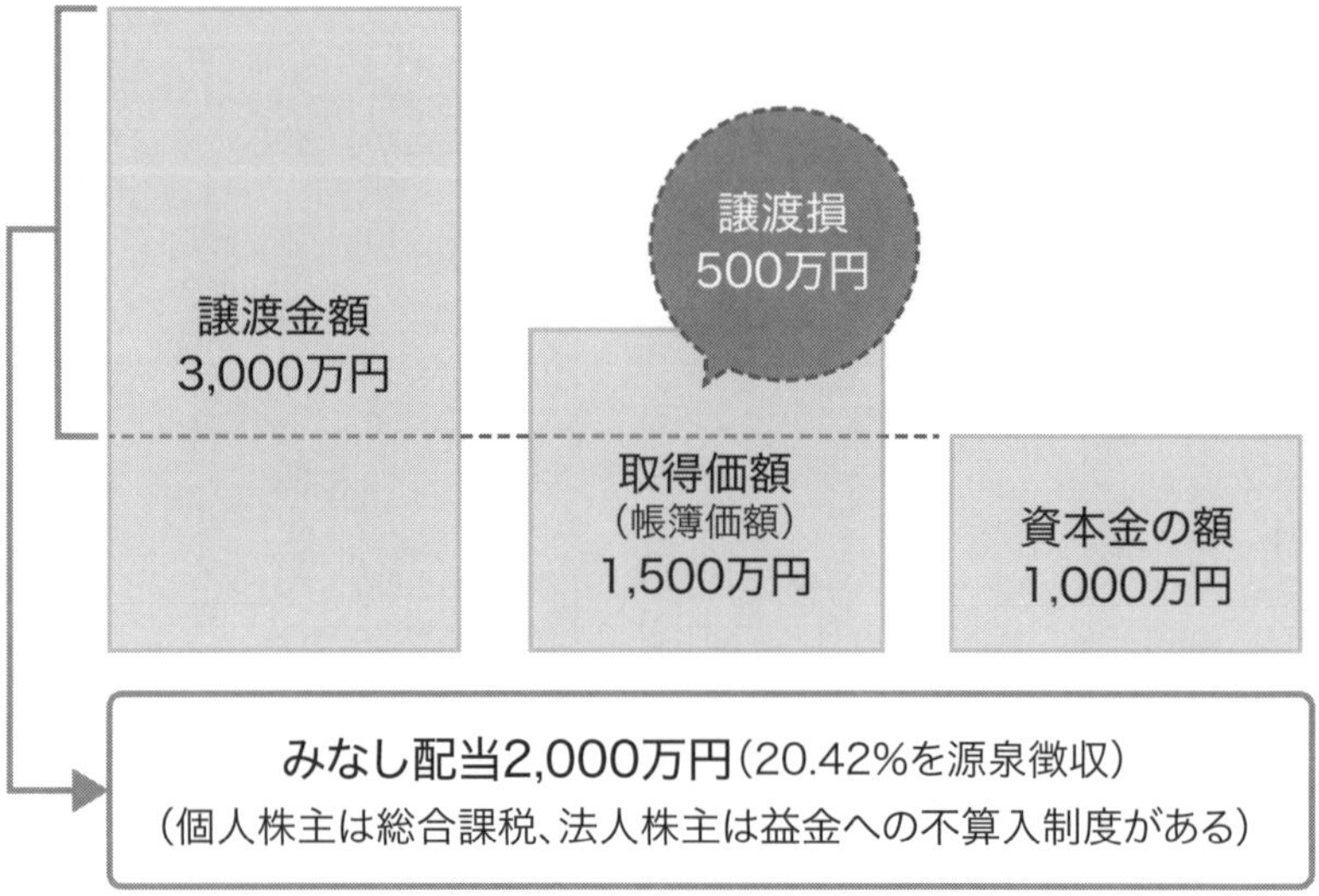

税」が適用されます。前記⑴のケースでは後継者、⑵のケースでは少数株主の相続人にみなし配当課税が適用されることになります。

金庫株として株式を譲渡した株主に適用される「みなし配当課税」とは、譲渡した会社の資本金等の額を超える部分の価額については、株式の譲渡にかかる対価であり、譲渡ではなく配当とみなされて課税されることです（上図参照）。

なお、個人の株主では、株式の譲渡による所得は分離課税となり、配当による所得は総合課税となります。扱いが異なる点も理解しておきましょう。

手法

3

保険を活用して納税資金を確保する

事業承継対策として保険を活用する場合、その目的によって活用のしかたが異なります。ここでは(1)オーナーの退職金の準備、(2)後継者と他の相続人の間で、遺留分で揉めた場合の対策、(3)納税資金の準備、という3つに分けて活用のポイントを見ていきましょう。

将来の事態を予測して、いま可能な対策を打つ

(1)オーナーの退職金を準備する

これはオーナー社長の会社（自社）が保険会社に保険料を支払い、オーナー社長が自社にその保険料分のお金を入れる（報酬から天引きする）というしくみになります（169ペー

ジ図参照）。そしてオーナー社長の役員退職金が必要な時期に自社が保険を解約し、解約によって自社が得た保険金を自社からオーナー社長への退職金に充当するといういたってシンプルな方法です。156ページの「手法1」で解説した事業承継対策の役員退職金の原資の確保法と同様のしくみといえます。

オーナー社長の役員退職金が必要な時期と、たとえば保険の解約返戻率が高い時期を合わせるなど、タイミングを見計らって契約することが大切です。

⑵後継者と他の相続人の間で、遺留分で揉めた場合の対策

オーナー社長が保有していた自社株のほとんどを後継者が相続するような場合、実質的に相続財産が後継者に集中し、後継者の兄弟姉妹などが不公平感を覚え、遺留分を主張することがあるかもしれません。遺留分とは、相続があった時に、一定の法定相続人に最低限認められている相続の権利のことで、原則的には法定相続分の2分の1です。

この遺留分の主張を想定し、保険を活用して、そのぶんの財産を用意しておく対策をとるわけです。しくみとしては、オーナー社長が保険料を保険会社に支払い、亡くなった際には保険金を後継者が受け取る保険契約をします。実際に亡くなった時には後継者に保険金が支

保険を使った事業承継策のイメージ

(1)オーナーの退職金の準備対策

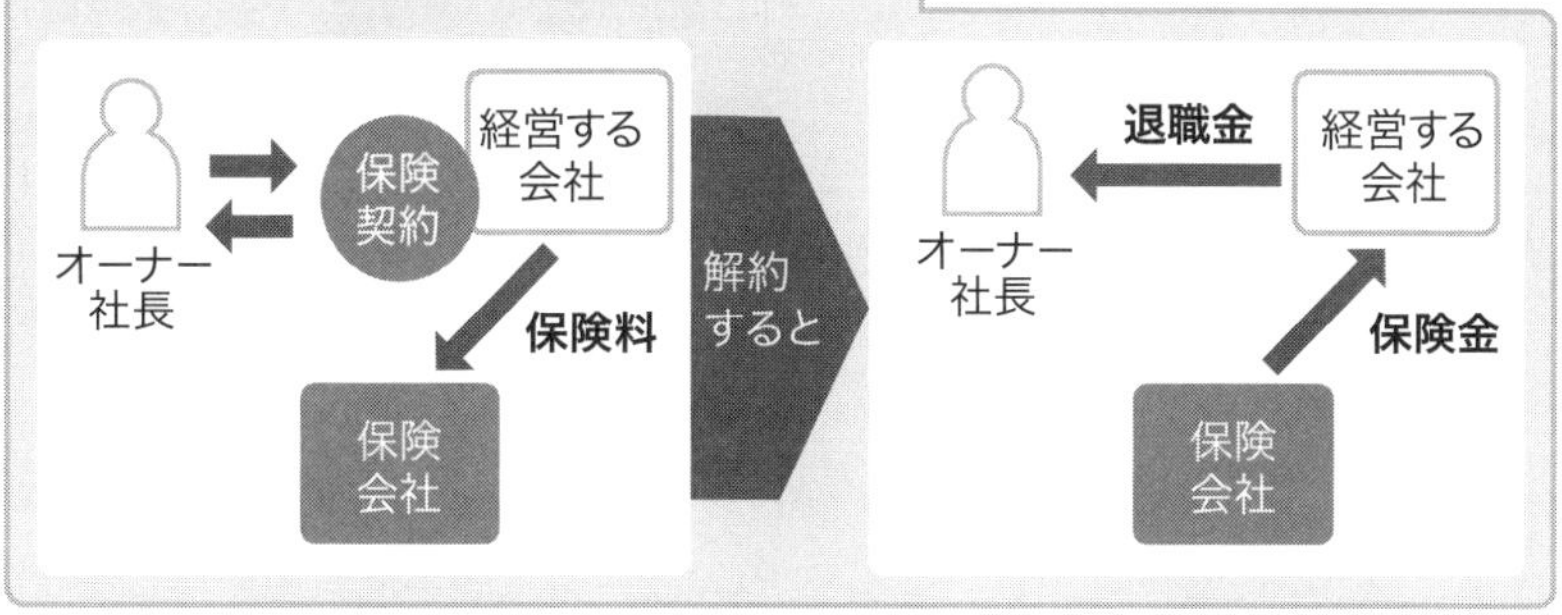

(2)後継者と他の相続人の間の遺留分対策

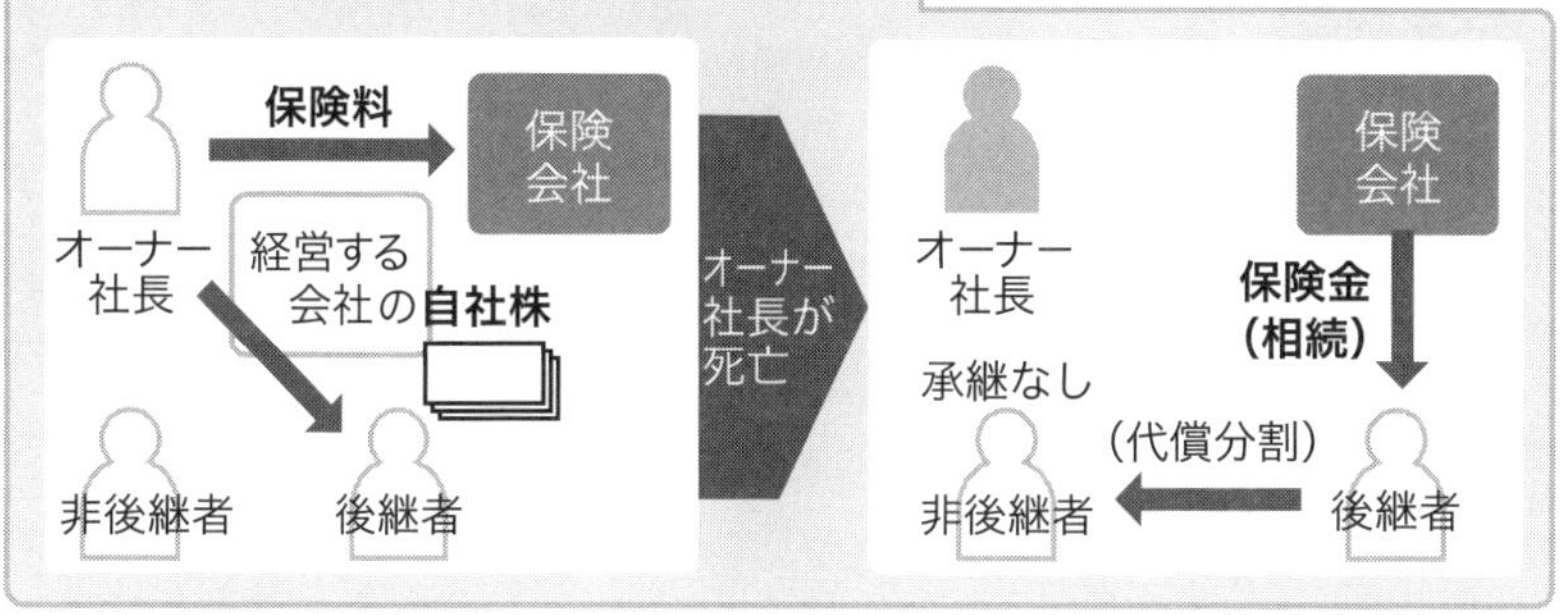

3納税資金の準備対策

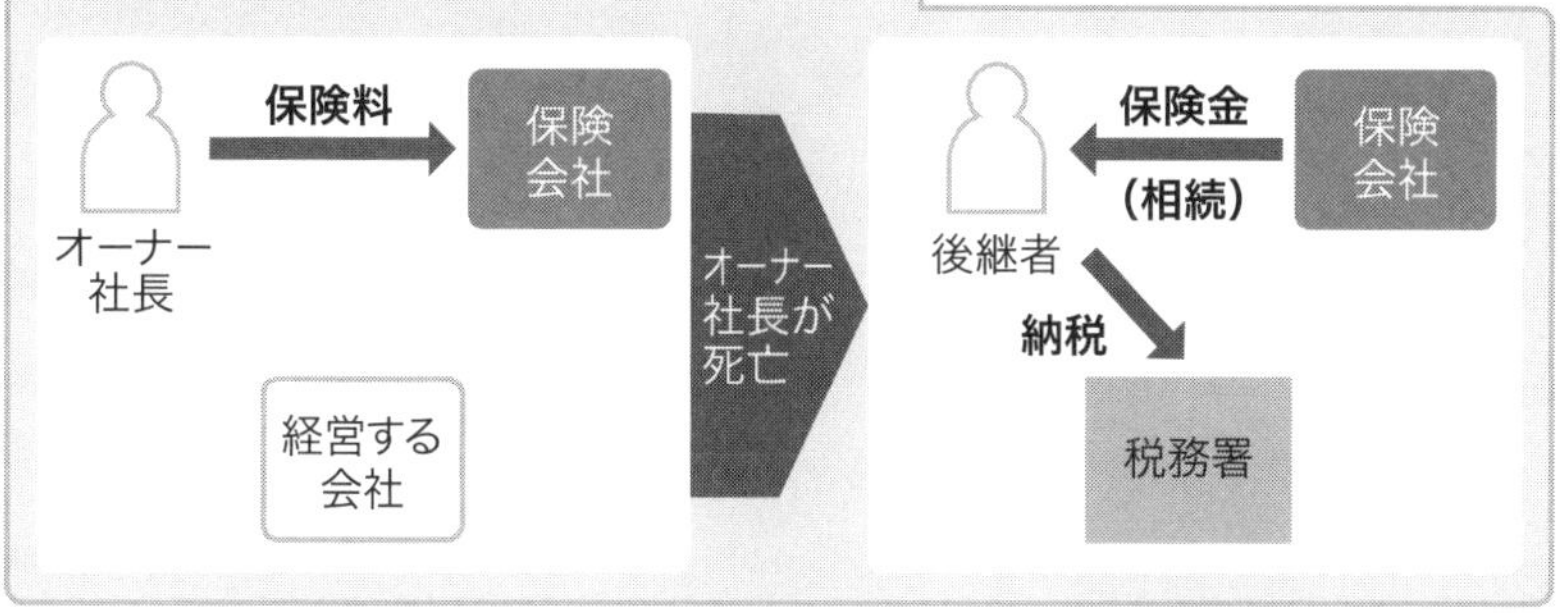

払われ、後継者はあわせて自社株を譲り受けます。

このままだとオーナーが亡くなった際、後継者ではない兄弟姉妹などには承継するものがありません。そこで、後継者ではない兄弟姉妹などには後継者から保険金を原資とした現金で代償分割を行うのです。これで遺留分対策は万全です。

(3)納税資金の準備

納税資金の準備は保険の活用では極めてオーソドクスな手法です。オーナーが保険会社に保険料を支払い、オーナーが他界した時に保険金が後継者に支払われ、後継者はその保険金を原資として納税するしくみになります。

オーナー社長の後継者への厚い信頼があってこそ実現できる

これら3つの目的のほかにも、いろいろな保険の組み合わせ方があります。その基本として押さえておきたいことを、列挙しておきましょう。

まず、相続人が受け取る死亡保険金は、民法上は相続人固有の財産となります。そのため、原則として遺留分の計算には含めません。ただし、相続税の計算上は相続財産とみなされるということです。その場合、**500万円×法定相続人の数までの非課税枠**があります。

保険を活用した事業承継対策は、将来の役員退職金という多額の支出に対して前もって準備しておくことができることが大きな利点です。と、同時に、オーナー社長が急逝した場合にも、ひとまず会社を立て直すための資金としても活用できます。

ただし、それはオーナー社長の後継者に対する信頼があって初めて実現できることです。前述のとおり、後継者ではない兄弟姉妹などの遺留分は代償分割として後継者から後継者ではない兄弟姉妹などに渡すことになります。それだけに、オーナー社長が後継者を信頼していることが欠かせません。

なお、役員退職金として保険を活用する場合は、保険の専門家と相談し、支給額や支給時期を十分に検討すべきです。それが株価対策としての効果をより発揮することにつながり、保険金や解約返戻金の一部が法人の収益として計上される事態に備えることにもつながるからです。

いずれの場合も、付け焼き刃な対応はかえって保険を活用するための資金負担が重くなってしまいかねません。専門家に相談し、長期的な視点で取り組みたいところです。

手法

4

不動産を活用して株式の評価額を引き下げる

事業承継対策では、自社株の評価額を引き下げた状態で後継者に移していくのが典型的な対策です。

非上場会社の場合、株式の評価は前述のとおり原則として「類似業種比準方式」か「純資産価額方式」で行いますが、このうち純資産価額方式での資産額の評価は相続税における財産評価で行われるため、会社といっても個人で行う相続対策と同じような対策をとることによって株式の評価を引き下げることができます。

個人の典型的な相続対策として、アパマン経営があります。大きな額の相続税になる可能性がありそうな地主などの個人がアパートやマンションを建て、そこに賃借人に住んでもらうことで、財産の評価額を引き下げることができます。

これと同じ手法を法人が行えば、後継者に渡す株式の評価額を引き下げることができ、結局、後継者の納税負担の軽減につながるのです。

建物と土地でダブルに評価減を発生させる

アパマン経営を行うと、財産の評価において、**建物部分については路線価図や評価倍率によって規定され、地域によって異なる借家権割合による評価減を受けることができます**。土地部分については**貸家建付地として評価減の適用を受けることができます**。さらに借入れを用いることで、負債が発生し、それが純資産価額を小さくする働きをしてくれます。

ただし、法人の場合は、投資したアパートやマンションの評価が株価に反映されるのは、**投資から3年を経過したあと**になります。株価が下がったタイミングで後継者に株式を移せば、贈与した場合でも贈与税の節税が可能です。贈与税の計算でも財産の評価は相続税の財産評価と同様に行われるためです。

個人ではなく、法人で不動産投資を行うメリットとデメリット

法人で不動産投資を行えば、純資産価額方式における株価を引き下げるメリットがあり、本業以外で安定した家賃収入も入ってくることになります。そのため、経営基盤の強化にもつながる可能性も高まります。特に親族外の第三者承継を行う場合、経営基盤の強化の用意を不動産投資で行うことは、その後継者にとってありがたい面があるものです。

しかし、メリットばかりではありません。まず、法人として不動産投資ができるだけの資金を用意できることが条件です。不足があれば、銀行からの借入れを起こすことも検討しなければなりません。

その借入れを用いる場合、本業が別にある普通の会社による不動産投資は、設備資金とみなされます。そのため、借入れの期間は最長でも20年です。個人の自宅のような30年、35年、しかも長期固定金利のような借入れの設定はできません。借入れた場合でも返済条件が厳しくなると考えるべきでしょう。しかも、個人が行う不動産投資と同様に、空室リスクや家賃滞納リスク、サブリースのリスクなど、さまざまなリスクにさらされます。

そのリスクを冒してまで不動産を活用した事業承継対策をとるべきか。まさに、オーナー社長の会社の余裕資金、業種、後継者の経営に対する覚悟などを総合的に勘案して行うべきでしょう。本業の下支えになることもありますが、逆に本業の足を引っ張る可能性もあるのです。

そうした**リスクを最小限にとどめる方法は、不動産を厳選することに**尽きます。たとえばオーナー社長の会社がもともと立地のよい場所に遊休地を持っているような場合には、そこにアパートやマンションを建てる方法が一番です。土地や建物について借入れを増やせばそれだけ負債が増え、株式の評価額を引き下げるのは事実ですが、一方でその不動産投資がうまくいかない可能性が高まるのも事実です。

なお、前述した経営承継円滑化法では、不動産や有価証券などの**非事業用資産の保有比率が70%以上になるなど所定の要件に抵触すると、資産保有会社や資産運用会社と認定され、納税猶予制度の適用対象外となります**。この点も注意が必要です。

手法

5

種類株式を活用して議決権を集約する

会社が発行する株式には、剰余金の配当優先権のあるもの、株主総会での議決権のあるものなど、行使できる権利内容が異なる2種類以上の株式を発行するケースがあります。その場合、それぞれの株式のことを種類株式と呼んでいます。

その種類株式を活用した事業承継対策として、①黄金株を活用するケースと、②配当優先無議決権株式を活用するケースを見ていきましょう。

拒否権を持った株式＝黄金株を活用するケース

黄金株とは、株主総会や取締役会での議決事項について、普通株式による議決とは別に、その株式による決議が必要になる株式のことです。換言すると、**株主総会や取締役会の決議について拒否権**を持っている株式ということができます。

その黄金株を事業承継対策にどう活用するのでしょうか。

まず、現状は、オーナー社長が100％全株式を普通株式として保有しているとします。その時、新たに黄金株を発行し、普通株式を99％にして、1％を黄金株にしたとします。そして、オーナー社長の会社の資産を管理する資産管理会社を設立し、その資産管理会社に99％の普通株式を譲渡します。後継者にはその資産管理会社の経営を任せるわけです。

なお、その譲渡にあたって資産管理会社が必要になる資金については、金融機関等から借入れなどを行います。

結果、オーナーが保有する自社の株式は1％の黄金株のみになり、99％の普通株式は後継者が経営する資産管理会社が保有するという関係になります（次ページ図参照）。

この手法は、オーナー社長や後継者が節税できたり納税資金を確保できたり、いわば直接的にトクをする事業承継対策ではないかもしれません。ただし、**オーナー社長は株主総会などでの拒否権を持ち続けることができるので、後継者が独断に走ったりすることを阻止することもできます**。オーナー社長から後継者に事業を承継する際に、好ましくない株主を

黄金株を発行し、資産管理会社を活用

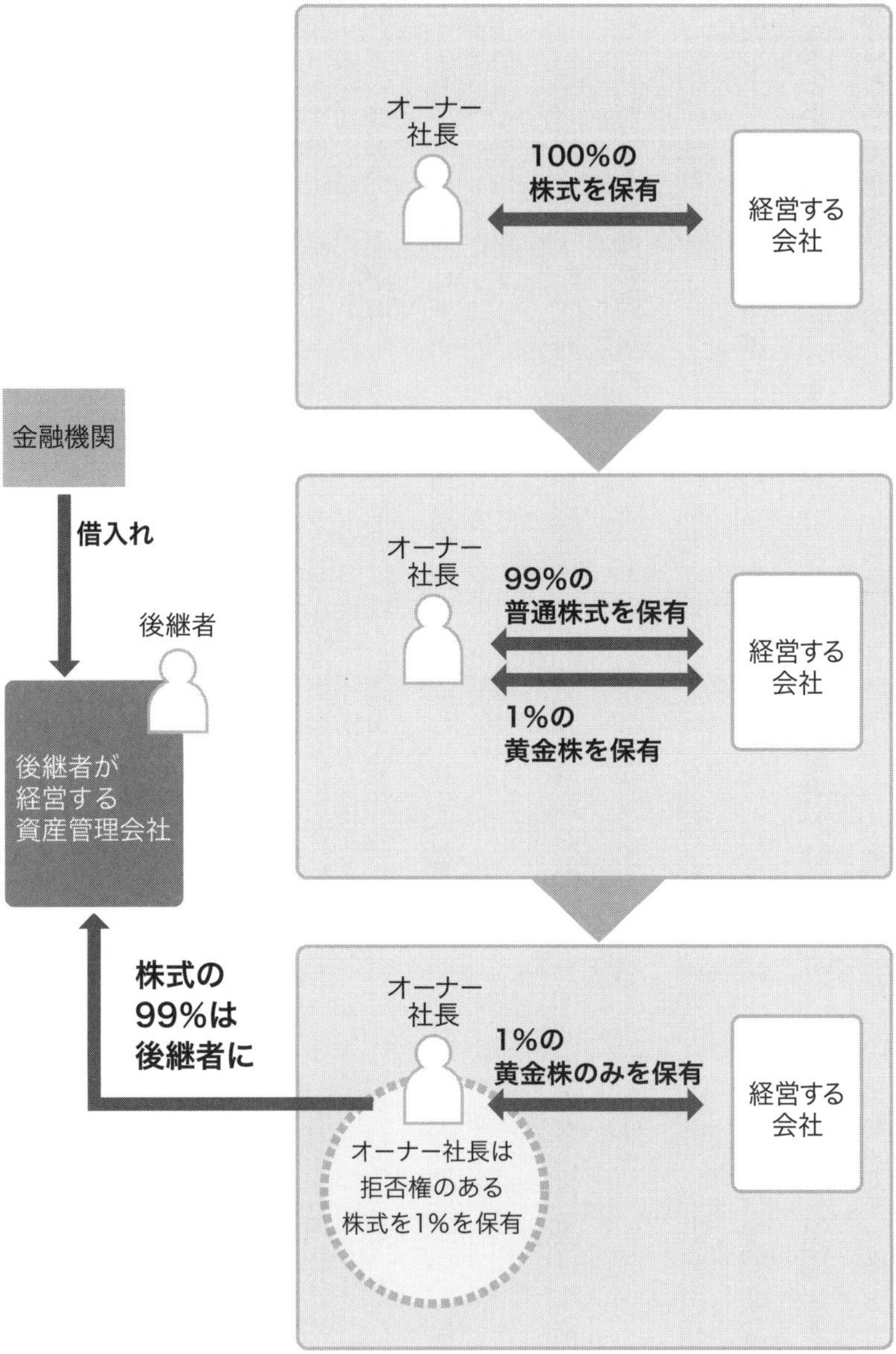

シャットアウトすることもできます。

もちろん、黄金株を保有するオーナー社長が拒否権をいたずらに行使しすぎるような独断専行をずっと続けるとなると、それも少々考えものではありますが……。

配当優先無議決権株式の発行

配当優先無議決権株式は普通株式とは異なり、剰余金の配当については優先権はあるものの、**株主総会の決議事項についてはまったく議決権を持たない株式**のことです。この株式の活用する事業承継策では、オーナー社長がまず、自社の普通株式とともに、配当優先無議決権株式を保有して、その後、配当優先無議決権株式を後継者ではない兄弟姉妹などに贈与するといった方法があります。

オーナー社長の子どものうち1人が後継者として普通株式の贈与を受け、他の子ども（後継者の兄弟姉妹）が配当優先無議決権株式の贈与を受ければ、議決権を後継者に持たせたまま株式を分散できるという効果があります。他の子ども（後継者の兄弟姉妹）としては、議決権はないものの、配当を得ることができるわけです。

いくつかの種類株式の組み合わせも可能

この種類株式を活用した事業承継対策は、一言でいうと「オーナー社長が株主に求めることに応じた種類株式を承継させる」ことです。「議決権を後継者に集中させる」ことが第一の目的であれば、その目的を実現し、なおかつその目的の実現によって生じかねない不均衡や不和を未然に防ぐ対応ということになります。

その株式の発行すなわち承継にあたっては、議決権の数や拒否権のあり方、配当金の実態など、専門家とともによく吟味してから発行することが大切です。

また、新株の発行によって種類株式を発行する場合は、株主総会の特別決議を経る必要があります。ただし、すでに発行ずみの普通株式を種類株式に変更する場合には特別決議ではなく、全株主の同意が必要になります。

そのほかの対応では、次ページ図のようないくつかの種類株式を組み合わせることも可能です。ただし、**実際の株式の発行にあたっては事業承継税制の特例の併用ができないことがあるので、何が最適か、税理士などの専門家に相談することをお勧めします。**

種類株式の９種類の規定

	規定	内容
①	剰余金の配当を規定した株式	配当の多寡を区別する株式
②	残余財産の分配を規定した株式	解散時の残余財産の多寡を区別する株式
③	議決権の制限を規定した株式	特定の決議に参加できないようにした株式
④	譲渡制限を規定した株式	株式の譲渡による取得に会社の承認が必要な株式
⑤	取得請求権を規定した株式	株式の買い取りを会社に請求できる株式
⑥	取得条項を規定した株式	一定の事由の場合、会社が買い戻せる株式
⑦	全部取得条項を規定した株式	株主総会の特別決議で会社が買い戻せる株式
⑧	拒否権を規定した株式	株主総会で拒否権を行使できる、いわゆる黄金株
⑨	役員選任権を規定した株式	保有する株主のみが取締役・監査役を選任できる株式

手法

6

信託を活用して株式の財産権を移転する

信託とは「財産を、信頼する人に託す、管理・運用してもらうこと」です。財産の管理・運用については、「誰のために」「何のために」といったことについて、財産を託す当事者が決めます。ただし、実際の信託はこの基本形をアレンジしたさまざまな手法があります。そのうち、**事業承継対策として広く利用されるのが、財産の委託者＝受託者となる「自己信託」という手法**です。

自己信託で、受益者を後継者とする

たとえば、オーナー社長が委託者として自社株を信託し、みずからが受託者となります。

それにより、自社株式の名義はオーナー社長のまま変わらず、議決権も行使できます。ただし、この自己信託において、後継者を受益者とすればどうなるでしょう。信託受益権を後継者が持つわけです。この段階で後継者に自社株を贈与したとみなされ、贈与税が課される可能性はありますが、この手法により、財産の実質的な帰属は後継者となります。

自社株が信託財産だと、受益者である後継者は配当金や財産の分配を得ることができます。いわば生前贈与を代用する信託ができることになります。

では、信託による事業承継対策をする場合、信託がいつの時点で終了となるのでしょうか。その1つが、オーナー社長が身を退いて「信託の扱いをしなくても後継者が経営を続けていくことができる」と判断した時です。また、信託の委託者であるオーナー社長が亡くなった時です。いずれの場合も、事前に信託の終了として設定できます。

自己信託において信託財産が自社株の場合、信託が終了すれば後継者が自社株の名義人となります。その自社株を信託扱いにした時に贈与税の課税はすんでいます。ですから、その自社株については、相続開始前3年以内の贈与のほか、相続時精算課税を適用されている贈与でない限り、相続税の財産としては加算されません。

この手法は「普通の生前贈与と変わらないのではないか」と考える人もいるでしょう。しかし、贈与の場合は受贈者がその贈与を受諾することが必要です。ところが、信託の場合は受諾が必要ではなく、自己信託の場合の受益者への通知も必要とはされていません。いわば相続における遺贈のようなもので、**委託者の意向によって設定できるところが一般の贈与とは異なります。**

ただし、自己信託の場合は、受益者を指定し、その受益者が利益を得た時点で、委託者から受益者への贈与があったとみなされます。その部分が前述の「贈与税が課される可能性がある」と記した理由です。

自己信託の設定では、公正証書の作成が必要

自己信託の設定では、次の事項を決めないといけません（信託法施行規則3条1号～8号）。

①信託の目的
②信託をする財産を特定するために必要な事項
③自己信託をする人の氏名または名称および住所

④受益者の定め（受益者を定める方法の定めを含む）
⑤信託財産に属する財産の管理または処分の方法
⑥信託行為に条件または期限を付す時は、条件または期限に関する定め
⑦信託の終了事由（その事由を定めない場合は、その旨）
⑧前号に掲げるもののほか、信託の条項

　また、これらの事項を記載した公正証書の作成が必要になるので、税理士や弁護士、また司法書士などに相談して取り組むことをお勧めします。

手法

7

持株会社を活用して株式の換金性を高める

持株会社の設立というと、大手上場企業の対応と思われがちですが、一般の中小企業、非上場の会社でも活用できないわけではありません。特に非上場であっても堅実な経営を実現している会社では、持株会社としての株式購入資金が準備・調達しやすいでしょうから、事業承継策としても有効に使えます。

持株会社には次の2つのパターンがあります。

①純粋持株会社……他の株式会社を支配することを本業とする持株会社です。

②事業持株会社……本業を営みながら、他の会社を支配する持株会社です。

「支配」というと仰々しく聞こえますが、「その会社の株式の過半数を保有すること」とお考えください。では、その持株会社への移行をどのように行ったらよいか、また、その事業承継対策としてのメリットを見ていきましょう。

オーナーの会社が後継者の持株会社の子会社になる

まず、現状、オーナー社長がすべての株式を所有する、文字どおりのオーナー会社があるとしましょう。その会社の株式を100％所有する計画を持った持株会社を後継者が設立します。純粋持株会社か事業持株会社かは、この時点では確定させる必要はありません（後継者にオーナーの事業そのものを承継する意図が明確にあれば、自動的に事業持株会社となります）。

そして、後継者が設立した持株会社では金融機関からの借入れなどを通じてオーナーの会社の株式を買い取ります。後継者の持株会社がオーナーの会社から株式譲渡を受け、オーナーの会社は譲渡代金を後継者の持株会社から受け取ります。そのことで、オーナーの会社は後継者の持株会社の完全子会社となります。

基本のしくみはシンプルですが、留意点としては、オーナー社長は自分の会社の株式を「会社の資産－会社の負債（いずれも時価評価額）」によって計算した時価純資産価額によって後継者の持株会社に譲渡しないといけないことです。

また、オーナー社長は自社株式の譲渡益については、譲渡した年の翌年3月15日までに確定申告しなければなりません。

このような持株会社の最大のメリットは、まず、オーナー社長はとかく換金しにくい非上場株式を換金・現金化できることです。株式の譲渡益課税（２０１８年9月時点では20・３１５％）がありますが、換金できさえすれば、その使い道は広がり、使い勝手はよくなります。

やがてオーナーが他界して後継者が相続する時は、譲渡後の株式評価額を考慮しなければならない株式という相続財産ではなく、現金になっています。そのため、相続税の納税は相続した現金から納めればよいのです。自然に納税資金が確保できているということです。

さらに、将来、持株会社の株価が上昇した場合も、財産評価基本通達により、値上がり益の37％を控除できます（２０１８年9月現在）。これは、もともと純資産価額方式で株価が計算されるケースが多い非上場会社の持株会社の株式は、その時価が取得時の帳簿価額を上回った場合、その含み益の部分について、37％（同）の控除が認められているからです。

この**「将来の株価上昇の抑制効果」は、譲渡時からの年数が経過すればするほど大きな効**

果をもたらします。後継者の後継者、2代目、3代目と事業が継続するほど、財産評価額の上昇を抑えてくれます。そのため、次代の株式の贈与や相続の際に有効な対策となります。

後継者の持株会社の資金調達力・運用力が問われる

このような持株会社を活用した事業承継対策で重要なポイントは、その持株会社に資金調達力があることです。株式の評価額は大きくなるのが一般的ですから、大きな額の借入れを行った場合、しっかりとした返済計画を立てなければいけません。

その借入れについて、子会社化したオーナー社長の会社からの配当金で返済すればいいと考えることはできますが、それはより高い事業意欲があってこそ実現できること。単に持株会社としての「受取配当金の益金不算入」の規定で法人税負担を抑えられると考えるのは、いわば机上の理屈であり、もし、事業が振るわず、配当金がないとなれば、いっぺんに返済が滞ってしまいかねません。返済計画とともに、子会社化したオーナーの会社を継続的に発展させる真の経営力が後継者には求められます。

手法

8

ファンドを活用してオーナー社長の意向を踏まえた事業承継にする

オーナーが保有している株式を一括して換金できる手法には「持株会社の活用」のほかに、「ファンドの活用」があります。ファンドと聞くと大手企業の買収劇に登場してくる組織をつい思い浮かべがちですが、最近は中堅・中小企業での活用も広がってきています。

「事業承継のことを考えたいのだが……」

オーナーが取引銀行に打診すると、担当者が、

「必要な資金が用意できるか検討してみます。もし、不足があれば、『ファンド』の活用も検討してみてはいかがでしょう?」

と、打診するケースもあるようです。そして、より詳細な対策については事業承継に詳しい税理士を紹介してくれる——、ファンドの活用は、いまやそれほど一般的になってきてい

ファンドのしくみ

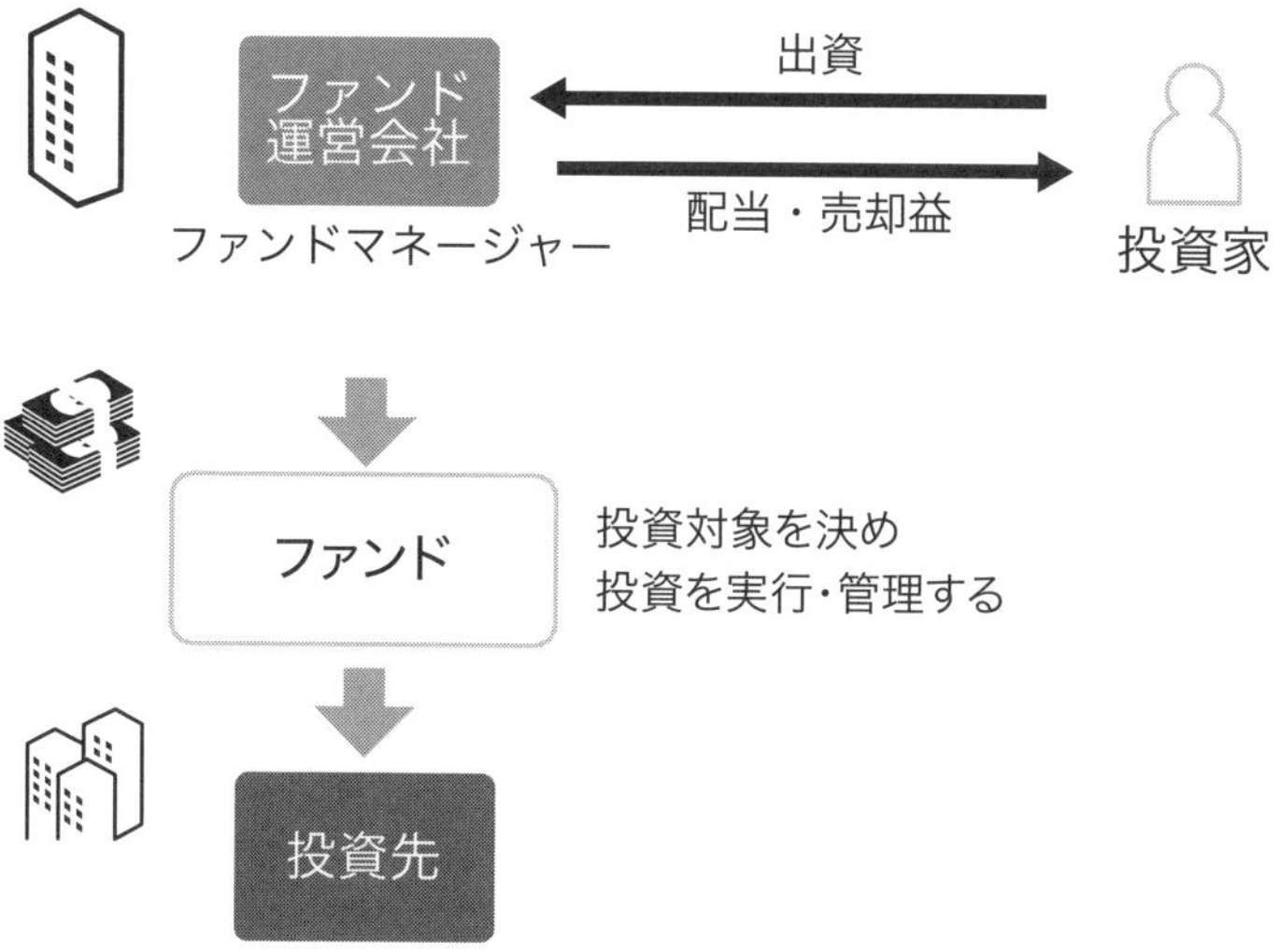

る事業承継の手法です。

ファンドとの信頼関係を築く

ファンドとは「投資家から資金を集め、その資金を株式等によって運用するしくみ」のことです（上図参照）。一般的な事業会社は永続的な成長を目的としていますが、ファンドは「企業価値を最大化して〝売り抜ける〟こと」を目的としています。一見、目的はまったく異なるように思えますが、企業を成長させたい思いは同じ。活用すると決めたら信頼関係を築くことが大切です。

典型的なファンドを活用した事業承継策

は、後継者が出資するとともに金融機関からの借入れのほか、ファンドの出資を受けてオーナーの会社の株式取得を目的とする会社を設立し、その会社がオーナーの会社の株式を取得することで吸収合併します。そして、株式取得を目的とする会社が金融機関に借入金を返済するとともに、ファンドには優先株の買い戻しというかたちで**償還**（一定期間後、後継者の会社がファンド側から株を買い戻すこと）します。

優先株とは、普通株より配当が優先される一方で、議決権のない株式を初め、償還の権利や普通株への転換、残余分配財産などに応じてさまざまなバリュエーションがあります。どのような内容の優先株を発行するか、よく吟味しておくことが大切です。

ファンドを活用した事業承継策を実施すれば、**オーナー社長は非上場株式が現金化でき、それを将来の納税資金として準備しておくこともできます**。また、オーナー社長が育ててきた会社は後継者が設立した会社（株式取得目的会社）に吸収合併されたかたちになるので、オーナー社長は後継者やファンド、また金融機関などとの話し合いによって、これまでとは異なる立場で経営に関与することもできます。

ただし、一方では現実問題としてファンドを運営するファンドマネージャーは、後継者が設立した会社、買収したオーナー社長の会社を、独自の目線でしっかりとモニタリングします。事業計画の実行状況を定期的に確認し、経営に関わってくるのです。

そのことが経営管理面の強化につながり、会社の成長につながるかどうかは、ファンドマネージャーの手腕とオーナー社長、後継者の手腕にかかってきます。それだけにオーナー社長、後継者、金融機関、ファンドが互いに信頼関係を築くことが大切なのです。

ファンドはファンドマネージャーで見極める

どのファンドに関わってもらうか。実際の選定は前述したように、金融機関の投資部門から紹介を受けるかたちで進むケースが多いようです。その際、オーナー社長、さらに後継者としては、

①そのファンドの投資方針
②ファンドマネージャーの資質
③ファンドへの出資者の属性

などを見極める必要があります。

そのポイントを一言で示すと「自社・将来の自社」の考え・方針に沿っているかどうかで

す。議決権のある株式の過半数をそのファンドが所有し、社長をすげ替える意向があれば敵対するでしょう。さらに、ファンドマネージャーが高く売り抜けることだけを目的にしているならば、結局、対策はご破算になってしまいかねません。

ファンドに出資参加している個々の投資家の氏名や名称はわからないのが普通ですが、それでも、国内の投資家か外資か、金融機関や公的機関が加わっているかなどの属性を確認することは不可能ではありません。

投資家の投資の目的・狙いは投資する個人・団体によって微妙に異なり、一概に善し悪しを語ることはできません。ですが、属性の確認は、オーナーと後継者の意思決定において重要な要素ともいえます。それだけに、ファンドマネージャーを通じて前記①から③の観点を確認し、見極めることが大切なのです。

手法
9
MBOを活用して身近な他人を後継者に！

MBO（マネジメント・バイアウト）とは、あるオーナー経営の会社の役員が事業を継続させることを前提に、その会社の株式を買い取り、その役員がオーナー経営者として独立してその会社の経営を行うことをいいます。

役員ではなく、従業員が株式を買い取って経営する場合はEBO（エンプロイー・バイアウト）と呼びます。

オーナー社長から見ると、いずれも後継者としてふさわしい第三者に次代の経営を担ってもらう手法です。身内に事業承継させるという主旨とは異なりますが、後継者難は解消でき、かつ、まったくの他人の第三者に株式譲渡するよりも、従業員の雇用の継続や企業理念や文化の継承につながるという点で注目を集めています。

役員個人ではなく、役員が受け皿会社を設立する手法が主流

ＭＢＯを活用した事業承継対策の流れを見ていきましょう。

まず、事業を引き継ぐ役員が個人でオーナー社長の株式を買い取るというのは高額であることもあって現実的には少なく、多くはいったんその役員がオーナー社長の株式を買い取る目的の受け皿会社を設立します。

そして、その受け皿会社の役員がオーナー社長の株式を買い取る資金の不足額の借入れを起こし、オーナー社長の会社の株式を買い取ります。

その結果、オーナー社長の会社は事業を引き継ぐ役員が設立した会社の子会社となり、引き継いだ役員は、受け皿会社とオーナー社長の会社、２つの会社で上げた収益から借入金を返済していきます。

これがオーソドクスな手法ですが、**子会社化されるオーナーの会社と受け皿会社に100％の資本関係があるなど一定の要件を満たせば、受け皿会社がオーナーの会社から得る配当金には課税されない**（配当金は、受け皿会社の収益として計算するが、法人税の計算

上、その収益を控除した法人所得として課税される）ことになります。すると、受け皿会社としては配当金を返済原資に回すことも可能になるわけです。

ＭＢＯする役員の資質・能力にかかっている

この事業承継策の大きなメリットは、身内、親族に後継者がいない場合の有効な承継策になることです。会社をたたむことなく、信頼できる役員に引き継いでもらえば、いわゆるＭ＆Ａの手法を使わずに事業を承継でき、オーナーは株式を現金化できることになります。

事業の継続性は、事業承継を考えるオーナーにとって悩みのタネ。従来、役員であった人物なら、まったくの第三者が引き継ぐより、雇用や労使の一体感、大事にしてきた企業文化も十分にくみとって、責任を持って経営を実践してくれるはずです。

ＭＢＯによる事業承継の成否は、ＭＢＯする役員の経営力や責任感、いわば資質にかかっています。

会社を維持・成長させる能力が備わっているのはもちろんのこと、受け皿会社を設立する準備もその役員の大きな仕事。オーナー社長が保有する株式を購入するための金融機関への借入れ交渉も進めなければなりません。これまでは馴染みのなかったかもしれない連帯保証や担保提供が求められることもあります。

さらに、オーナー社長が受け皿会社に株式を譲渡する段階で、借入残などの債務の連帯保証などがあれば、ＭＢＯする役員がその債務を承継することにもなります。そうしたハードルを乗り越えて責任をもって承継する覚悟が求められるのです。

手法
10 第三者承継のM&Aで永続性を高める

後継者がまったく見つからない。しかし、オーナーは事業を継続させることを強く望んでいる。経営している本人だけでなく、取引先、顧客、関係者もそのことを望んでいる――。

このような状態にある中小企業も多いはずです。特に地方においては、その地域のインフラとして欠くことのできない役割を担っている会社、オーナー社長も多いでしょう。そのような悩みを解消する手段、事業承継策としてM&Aを検討する会社もあるのではないでしょうか。

この場合のM&Aを一言で示すと、「外部資本に会社もしくは会社の一部を売却すること」です。「売却」という言葉の響きがよくないこともあり、「第三者承継」といった呼び方も一般的になっています。「売却先が見つからなければ、清算・廃業しかない」と悩むオーナー社長にとっては苦肉の策といえるかもしれませんが、オーナー社長の会社売却後・税引き後の手取額で見ると、明らかに清算・廃業より有利であり、事業の継続という社会的な意義を果たす行為ということができます。

M&Aはタイミングが重要

M&Aを活用した事業承継策のしくみはいたってシンプルで、「オーナー社長の会社の株式を第三者の会社が買い取り、その会社が経営を引き継ぐ」というものです。

株式の買い取りにあたっては、金融機関からの借入れが必要になるケースも多いでしょう。また、承継するものはオーナー社長が保有する株式ですから、実質的に、オーナー社長の会社の資産（負債も含む）・人材（雇用）・市場（取引先・顧客）、技術などのすべてを承継することになります。

引き継ぐ会社としては、それらをすべて譲り受け、業績を伸ばしていかないといけません。M&Aによって引き継いだ会社の弱かった点を補い、強みをさらに伸ばしていくようなシナジー（相乗）効果を期待してM&Aを実行します。

そのM&Aにおいてオーナー社長が重視すべき点は、「決断のタイミング」といってよいでしょう。手続面・実務面については、多くの場合、税理士・公認会計士・アドバイザー・仲介業者・金融機関などの関係者が指導してくれます。信頼できる相手をパートナーとして選び、一緒に取り組む姿勢が欠かせません。

しかしM&Aの決断のタイミングはオーナーの専権事項です。一般的には自社の業績のよい時が売りどきといわれますが、買う側に立てば、相手の会社の業績の厳しい時のほうが安い買い物ができるともいえます。

買う側の視点で見ると、買うにふさわしい技術や市場優位性があり、しかも社員は優秀で買収後も社業に貢献してくれる見込みが高く、しかし業績はいま一つ振るわない……、そういう会社であれば安く買うことができます。

オーナーの会社としては業績が好調の時のほうが高く売却でき、しかも売り先を選べる可能性も高まる。そう考えるのも自然ですが、そう簡単ではありません。もちろん、社員の不安、モチベーションの低下を払拭しておくことが大切であり、またM&Aが終了するまでは、秘密保持に留意することも欠かせません。

そのように対応すべきことは多岐にわたるため、オーナーが1人で判断するのではなく、前述の関係先など外部の意見もしっかりと聞き、情報収集や意見交換をしておくことが大切なのです。

税務の面からもM&Aは有利

M&Aによる事業承継が実現できれば、事業は継続され、雇用・顧客・会社を守ることもできます。オーナー社長自身が行った連帯保証や担保の提供も解消されます。また、株式の売却や役員退職金などにより、大きなお金を得ることも可能です。それらは廃業や清算では決して得られない現金収入です。それだけに、慎重に対処していくことが求められます。

単純明快に税務の観点からM&Aと会社の清算を比較しておきましょう。オーナー社長にとって課税されるのは株式の譲渡益への課税だけで、現在20%強です（復興税等を含む）。ところが清算の場合は清算価値の計算では会社の含み益に対して法人税が課され、しかも会社が黒字で配当金があると総合課税となり、大雑把ですがオーナーが受け取るお金の概ね50%ほどに課税されるケースが多いようです。

おわりに

従来、節税面を意識した事業承継対策というと、本書の「付録」に述べたような対策が中心でした。そのツボを一言で述べると「自社株の評価額を引き下げて、事業承継にかかる納税負担を軽減しましょう」というものです。この事業承継の対策や個々の手法は現在も生きていて、有効に活用できるものです。

しかし、見方を変えれば、2018年度の事業承継税制に対応し、特例承継計画が認定されれば、事業承継において自社株の贈与や相続にともなう納税は満額が猶予されます。すなわち認定を受ければ、「自社の価値（バリュー）を向上させ、自社株の評価額を上げていく経営をすべき」ということになります。事業承継税制は「認定を受ければ、事業承継の負担に関して心配せず、成長をめざすことができる」という意味では、メリットの大きい改正となっています。認定を受けるべく準備すれば、自社の今後の経営に関して深く考えるきっかけにもなります。便利で有効な制度なので、より積極的に活用することが望まれます。

ただ、注意点が3点あります。

まず、手続きそのものはむずかしいものでありませんが、国や都道府県の認定がともないますので、第3章等で述べた申請書類等をきちんと整備しておくことです。

次に、認定されて以降は、認定にかかる事業承継対策を経営者がいわば独断で、勝手に変更して実施することのないようにすることです。手続き上は〝変更届〟を提出すればすむこともかもしれませんが、安易な対応により、認定が取り消されてしまうこともあり得ます。変更が必要な際は、顧問税理士はもちろんのこと、認定支援機関等にきちんと相談のうえで実施すべきです。

最後に、今後の改正動向を確認していくことです。現在は申請から認定、さらに認定後の税制の対応等、まとまったかたちで示されていますが、今後、通達等によって詳細が変わってくるものもあるでしょう。そうした動向を押さえておくのです。

よい会社にしていくためには、何より会社を継続させていかなければなりません。事業承継における贈与税・相続税の納税猶予の制度は、その安定した継続をあと押ししてくれるものです。ぜひ、積極的に活用していきましょう。

中小企業の
事業承継を支援する
税理士の会

加藤《かとう》　元弘《もとひろ》
税理士
平成４年に加藤元弘税理士事務所を開業。
事業継承を円滑に進めるために豊富な専門知識と実務経験に基づきトータルサポートいたします。
税理士業務と共に調停委員、代表監査委員、固定資産評価審査委員、民生委員のほか租税教育への取り組みなどの社会貢献へも積極的に取り組んでおります。

【加藤元弘税理士事務所】
〒 368-0072　埼玉県秩父郡横瀬町大字横瀬 5087 番地 1
TEL：0494-22-7808　FAX：0494-25-4578
E-mail：qqw82ug9@ceres.ocn.ne.jp

窪木《くぼき》　康雄《やすお》
税理士
私どもの基本方針は心で仕事をすることです。
後継者へ事業を譲ることの不安や悩みをお聴きし、円滑な事業承継をお手伝いいたします。事業を次の世代へ繋ぐということは、家族や親族・地域社会のためにも大事なことです。スムーズな事業承継をめざしています。お気軽にどうぞ。

【税理士法人　ときわ】
〒 277-0005　千葉県柏市柏 6 丁目 1 番 1 号　流鉄柏ビル 6 階
TEL：04-7164-2828　FAX：04-7164-3050
E-mail：kuboki@kuboki.gr.jp　URL：http://www.kuboki.gr.jp/

植﨑《うえさき》　茂《しげる》
税理士・所長
中小企業の事業承継は株式の評価額がネックになっていました。平成 30 年の改正で株式の承継が実質無税で行なえるようになりました。この機会に事業承継のプラニングを行ってみませんか？初回相談は無料です。お気軽にお問い合わせください。

【植﨑税理士事務所】
〒 110-0015　東京都台東区東上野 1-12-2 THE GATE UENO 3F
TEL：03-5807-4110　FAX：03-5807-4115
E-mail：u-tax@agate.plala.or.jp　URL：http://su-tax.com

佐々木《ささき》　秀一《しゅういち》
公認会計士・税理士・代表社員
1987 年開業以来、中小企業の事業承継や相続相談、経営相談、税務相談等のサービスを実施してまいりました。相続相談に関しては、依頼者の要望を丁寧に聞いて、現状を十分に調査して、ご遺族の円満な遺産分割と節税対策の提案を心がけております。中小企業庁認定経営革新等支援機関。

【税理士法人　東京総合会計】
〒 103-0028　東京都中央区八重洲 1-7-20　八重洲口会館 8 階
TEL：03-5299-6181　FAX：03-5299-6188
E-mail：sasaki@tokyosogo.jp　URL：http://www.tokyosogo.jp

市川《いちかわ》　潤《じゅん》

税理士・AFP

1998年税理士登録後、市川潤税理士事務所を開業。
2013年に税理士法人ソフィアを設立し代表社員税理士に就任。
創業支援や既存企業の経営サポートに力を入れており、創業者や経営者と一緒に無理のない会社運営をする方法を考え実践しており、資金調達と資産形成に力を入れている。

【税理士法人ソフィア】
〒151-0051　東京都渋谷区千駄ヶ谷5-29-7　ドルミ御苑1001号
TEL：03-6709-8327　FAX：03-6709-8328
E-mail：j.ichikawa@tax-sophia.com　URL：https://www.kaikei-home.com/ichikawa-tax

---

若狭《わかさ》　茂雄《しげお》

税理士・東京富士大学監事・東京富士大学会計人会会長

昭和47年税理士登録後、昭和55年独立、東京税理士会日本橋支部開業。
事業継承を円滑に進めるために、中小企業の事業活動の支援を行うに必要な経営革新等支援機関として認定証を取得し、相続税・贈与税を適用しつつ、豊富な専門知識と実務経験に基づきトータルサポートいたします。初回相談は無料です。

【若狭茂雄税理士事務所】
〒103-0007　東京都中央区日本橋浜町2丁目57番1号909
TEL：03-3664-2086　FAX：03-3664-2025
E-mail：s.wakasa@themis.ocn.ne.jp

丸山《まるやま》　由喜《よしのぶ》

税理士・拓殖大学大学院講師・㈱エム経営戦略研究所代表取締役

1979年10月丸山由喜税理士事務所　開所以来、ベンチャー育成・産学連携事業・中小企業における長期経営計画等、コンサル中心の税理士事務所です。企業はゴーイングコンサーン、寿命はありません。企業誕生から企業の継続をより確実にするため、事業承継を確実に企業家と共に進めたいと思います。

【丸山由喜税理士事務所】
〒115-0042　東京都北区志茂2-15-6
TEL：03-3903-5660　FAX：03-3903-5745
E-mail：ymaruyama@mx5.ttcn.ne.jp　URL：https://www.kaikei-home.com/marutax/

細野《ほその》　光生《みつお》

税理士

中小企業の経営者の皆様方が安心して経営に取り組めるよう、事業承継をはじめとする様々な経営上の問題解決について、豊富な専門知識と実務経験に基づきトータルサポート致します。お気軽にお問合せ下さい。
（平塚湘南RC会員・湘南三田会会員）

【細野税務会計事務所】
〒254-0014　神奈川県平塚市四之宮3-14-16
TEL：0463-55-3676　FAX：0463-55-2811
E-mail：hosonom@green.ocn.ne.jp　URL：https://www.kaikei-home.com/hosono/

舟生《ふにゅう》　俊博《としひろ》

公認会計士・税理士

夢ある未来の実現のために、経営計画書と月次決算書で中小企業の底力を高める会計事務所として経営支援を行っています。どうすれば利益が出るのか、どうすればお金が残るのかを一緒に考え、実践していくことで数字に強い会社を増やしたいと願っています。一緒に夢に挑戦し、ワクワクする未来を創りましょう！

【さくらみらいマネジメントサービス株式会社／税理士法人さくらみらい国際会計事務所】
〒252-0231　神奈川県相模原市中央区相模原 2-1-3
TEL：042-707-4760　FAX：050-3156-3399
E-mail：funyu@sakura-mirai.co.jp　URL：http://www.sakura-mirai.co.jp

---

高橋《たかはし》　寛行《ひろゆき》

代表社員

1989 年税理士登録後、2006 年事務所を法人化。貴社の経営アドバイザーとしてまた税のホームドクターとして、貴方の企業を応援します。税務申告、会計業務、起業相談、経営相談、相続事業承継などを幅広くサポートいたします。初回相談は無料です。お気軽にお問い合わせください。

【税理士法人タカハシ会計】
〒912-0084　福井県大野市天神町 7 番 12 号
TEL：0779-65-5888　FAX：0779-65-3824
E-mail：mail@ei-kaikei.com　URL：https://www.kaikei-home.com/ei-kaikei/

石垣《いしがき》　貴久《たかひさ》

所長　税理士・社会保険労務士・行政書士

独立開業後、愛知県を中心に中小企業のための事業承継支援サービスを提供しています。自社株対策など、事業承継に関する相続税や贈与税といった税制面での支援だけでなく、後継者の選定のお手伝いや、お金に強い後継者を養成するための教育支援も行っています。ぜひお気軽にお問い合わせください。

【くらし・節税相談センター（石垣貴久事務所）】
〒442-0024　愛知県豊川市西豊町三丁目 168 番地
TEL：0533-56-8166　FAX：0533-56-8167
E-mail：t-ishigaki@kurashi-setsuzei.jp　URL：http://www.kurashi-setsuzei.jp

---

紀田《きだ》　敬一《けいいち》

税理士

事業承継とは「経営理念の承継」です。私自身二代目税理士として、後継者としての立場からの意見も踏まえ、中長期的な計画を一緒に考え、実践することで、明るい夢のある事業承継を当事務所と一緒に成功させましょう！当事務所は認定支援機関の認定も受けており、事業承継税制にも対応可能です。

【紀田会計事務所】
〒598-0048　大阪府泉佐野市りんくう往来北 2-21　りんくう国際物流センター 5 階
TEL：072-469-1753　FAX：072-469-1760
E-mail：kida@kida.cc　URL：http://www.kida.cc/

西川《にしかわ》　哲也《てつや》

公認会計士・税理士

～中小企業経営者さんのスマイル・ライフ・ナビゲーター～
私たちは「自社の将来をしっかり考えられるようになりたい」とお考えの経営者さんに、会社の将来とご自身・ご家族の人生をより前向きに考えていただくお手伝いをしている会計事務所です。セカンドオピニオンにも対応しています。

【株式会社ディーファ / 西川哲也公認会計士・税理士事務所】
〒 541-0043　大阪府大阪市中央区高麗橋 4 丁目 3 番 10 号　日生伏見町ビル新館 2 階
TEL：06-6227-1567　FAX：06-6227-1568
E-mail：info@diffa.jp　URL：http://www.diffa.biz/

末吉《すえよし》　英明《ひであき》

代表社員

信託銀行との提携による遺産整理業務支援、地方銀行、信用金庫との提携による相談業務支援、年間 200 回以上の銀行主催による講演を行うなど銀行系税理士の本格派として多くの金融機関から支持されています。京都四条烏丸、阪急梅田、東京品川に拠点を配置し、機動的にお客様の問題解決に努めています。

【末吉税理士法人】 URL：http://www.sueyoshi.or.jp
〈梅　田〉大阪市北区梅田 1 丁目 2 番 2-1000 号　大阪駅前第 2 ビル 10 階
〈東大阪〉東大阪市荒本北 1 丁目 4 番 17 号　クリエイション・コア北館 308 号
【末吉 FP 支援法人】
〈京　都〉京都市下京区鶏鉾町 480 番地　オフィスワン四条烏丸 9 階

永井《ながい》　成武《なるたけ》

所長税理士

中小企業を経営していくのに、一番大変なのは『資金繰り』。
弊事務所は、金融機関等と連携して借入等の見直しを計り皆様の会社にパワーを注入します！
事業再生・承継は税理士法人ファミリアにおまかせください。

【税理士法人ファミリア　大阪事務所】
〒 577-0045　大阪府東大阪市西堤本通東 1-1-1　922　税理士法人ファミリア大阪事務所
TEL：06-6736-5649　FAX：06-6736-5647
E-mail：familia@drive.ocn.ne.jp　URL：familiaosaka.net

松島《まつしま》　秀典《ひでのり》

公認会計士・税理士

平成 19 年税理士登録後、阪神総合会計開設。当事務所は、地元の中小企業における創業支援から税務申告をはじめ、事業承継まで幅広いサービスの提供を通じ、きめの細かいアドバイスを心がけ、共に成長・発展することを目標にしております。

【阪神総合会計】
〒 665-0022　兵庫県宝塚市野上 4 丁目 8 番 48 号
TEL：0797-72-6780
E-mail：hmatsu_cpa@7.zaq.jp　URL：https://www.kaikei-home.com/529/

北畑《きたばた》　米嗣《よねつぐ》
税理士・ＩＴＣ

平成元年税理士登録、同年事務所開設。
事務所開設以来、「社長と共に未来を語り未来を創る」をミッションに掲げ、「中小企業の社長に寄り添う」をモットーに皆様方の悩みの相談・課題解決に取り組んでいます。事業承継は、経営者にとって避けて通れない大きな課題です。一人で悩まずに、お気軽にご相談ください。初回相談料は無料です。

【北畑会計事務所】
〒640-8211　和歌山県和歌山市西布経丁 2-5-1
TEL：073-433-0774　FAX：073-433-1187
E-mail：kitabata@kitabata.jp　URL：http://www.kitabata.jp/

●さくいん

【監修者】
西内孝文（にしうち・たかふみ）
税理士・特定社会保険労務士・中小企業診断士・特定行政書士・ＣＦＰ®の複数の資格を活用し、ユナイテッド・アドバイザーズグループの代表として、ワンストップサービスを展開。当初から事業承継の支援に力を入れており、複数の専門家でチームを組むことで幅広い支援を行っている。認定支援機関として着手金なしの成功報酬で補助金・助成金、事業承継税制を含む各種公的支援策の支援を数多く行っており、自らもいち早く各種支援策を活用することで、実際に使えるソリューションをクライアントに自信を持って提案するというスタイルを貫いている。

【著者】
中小企業の事業承継を支援する税理士の会
事業承継の専門家として、中小企業の事業承継に関するサポートを行っている事務所です。事業を永続させるため、お客様が抱える問題を一緒になって解決していきます。

【編集協力】
株式会社エッサム
昭和 38 年（1963 年）の創業以来、一貫して会計事務所及び企業の合理化の手段を提供する事業展開を続けております。社是である「信頼」を目に見える形の商品・サービスにし、お客様の業務向上に役立てていただくことで、社会の繁栄に貢献します。

構成：菱田編集企画事務所
本文ＤＴＰ：イノウエプラス

オーナー社長《しゃちょう》のための
ゼッタイ成功《せいこう》する事業承継《じぎょうしょうけい》の進《すす》め方《かた》

〈検印省略〉

2018年 11 月 4 日 第 1 刷発行

監 修 者——西内孝文（にしうち・たかふみ）
著　　者——中小企業の事業承継を支援する税理士の会
編集協力者——株式会社エッサム
発 行 者——佐藤和夫

発行所——株式会社あさ出版
〒171-0022 東京都豊島区南池袋 2-9-9 第一池袋ホワイトビル 6F
電　話 03 (3983) 3225（販売）
03 (3983) 3227（編集）
F A X 03 (3983) 3226
U R L http://www.asa21.com/
E-mail info@asa21.com
振　替 00160-1-720619
印刷・製本 三松堂(株)
乱丁本・落丁本はお取替え致します。

facebook http://www.facebook.com/asapublishing
twitter http://twitter.com/asapublishing

ISBN978-4-86667-100-0 C2034